名师名校名校长

凝聚名师共识
回应名师关怀
打造名师品牌
培育名师群体

梁桓源 ◎ 著

数字化赋能创新素养教育的思考与实践

陕西师范大学 出版总社　西安

图书代号　JY24N2259

图书在版编目（CIP）数据

数字化赋能创新素养教育的思考与实践 / 梁桓源著.
西安 ： 陕西师范大学出版总社有限公司，2024. 10.
ISBN 978-7-5695-4835-8

Ⅰ. G40-012

中国国家版本馆CIP数据核字第2024977PW2号

数字化赋能创新素养教育的思考与实践
SHUZIHUA FUNENG CHUANGXIN SUYANG JIAOYU DE SIKAO YU SHIJIAN

梁桓源　著

出 版 人	刘东风
出版统筹	杨　沁
特约编辑	李东震
责任编辑	宫梦迪
责任校对	赵　倩
封面设计	言之凿
出版发行	陕西师范大学出版总社
	（西安市长安南路199号　　邮编 710062）
网　　址	http://www.snupg.com
印　　刷	北京政采印刷服务有限公司
开　　本	710 mm×1000 mm　　1/16
印　　张	16
字　　数	251千
版　　次	2025年3月第1版
印　　次	2025年3月第1次印刷
书　　号	ISBN 978-7-5695-4835-8
定　　价	58.00元

读者使用时若发现印装质量问题，请与本社联系、调换。
电话：（029）85308697

第一章　课题研究引领

第二章　在思考中成长

第三章　高效课堂构建

第四章　教学案例展示

第一章

课题研究引领

核心素养视野下中学人工智能整合性
学习的课程创新设计研究

  为了顺应现代社会对未来人才的需求，教育部于2016年颁布了《中国学生发展核心素养》总体框架。国家层面对核心素养的本土化建构，既适应了当下教育变革的方向，也符合我国当前教育发展实际需要。与此同时，随着人工智能技术的发展，机器人与人工智能成了未来技术的发展新趋势。在这股人工智能时代浪潮之下，2017年教育部发布多个文件推动了人工智能课程在我国基础教育中的开展。因此，将核心素养教育理念运用到我国中学人工智能课程教学设计之中有着重要的教学实践意义。核心素养着眼于对复合型创新型人才的培养，知识结构上强调的是学科间的融合，能力培养上注重的是学生创新精神与实践能力相结合，所以发展学生的核心素养就成为我国学校教育变革的重点。学校教育主要通过课程来培育学生，这决定了核心素养的培养应由课程来完成。核心素养的落地依赖于对学校课程进行优化创新，破除过去分科课程培养的弊端，设计实施动态整合的课程。因此，对核心素养视野下中学人工智能整合性学习的课程创新设计做进一步的研究十分必要。

  基于此，本研究通过查阅文献充分学习了核心素养教育理念，分析了国内外核心素养教学案例，结合核心素养的特点，在经典教学设计模型的基础上，构建了基于核心素养的教学设计模型，然后根据教学设计开展人工智能课程教学实践，最后通过问卷调查分析验证了其可行性。

一、课题研究的意义、目标和内容

（一）课题研究的意义

从理论角度来看，本研究具有以下三点意义：首先，视野聚焦于学生核心素养，试图通过课程使其落地，有助于进一步丰富和发展核心素养的理论研究；其次，国内课程整合实践面临瓶颈，而本研究正是对课程整合设计中的相关要素进行了全新的认识和定位；最后，传统课程以分科设置为主，课程内容交叉重叠，不利于学生全面发展，而核心素养视野下的中学人工智能课程整合设计研究则有助于学生树立正确的课程改革观，达到育人目标。人工智能课程本身就具有学科融合的特点，但是如何在人工智能课程的教学中展现这一特性，需要一定的理论进行有效的指导，并制订出行之有效的教学设计方案。基于此，本研究正是对核心素养教育理论的分析和总结，通过教育实践，将核心素养教育理论应用到中学人工智能课程的教学设计之中，丰富和充实中学人工智能教育教学理论，同时也为其他同行教师提供一定的参考与借鉴。

从实践角度来看，学校层面应当培养学生核心素养，但核心素养不是某种素养，更不是单门学科就可以培养的素养。由于传统分科课程科目众多，学科之间缺少关联，因此难以实现核心素养的培养目的。而课程整合注重知识、能力、素养的深度融合，探究基于核心素养的课程整合设计，能为核心素养的落地找寻一条可能的途径。笔者在中学人工智能课程教学中，始终以核心素养教育理论为指导，秉持"以人为本"的学生观、建构主义学习观，基于项目学习的教学方法，进行具体的教学实践，设计教学案例，并结合实际的教学情况，不断地进行人工智能课程的教学设计优化和改进。

（二）课题研究的目标

皮亚杰的认知发展理论指出，初中阶段低年级的学生可以将感知动作内化，并能在具体内容的支持下进行简单的抽象逻辑思维；初中阶段高年级开始，学生能够摆脱具体内容进行抽象逻辑思维，并能进行假设—演绎推理。基于此，建议中小学人工智能课程分为认知、理解、应用、实践、创新五步走，人工智能思维方式和思维能力的课程培养目标将与这五步有机融合。

（1）认知。通过"人机大战"等故事讲述，以及看、听、说等多感官维度的人工智能场景产品体验，帮助学生建立对人工智能的直观认识，感受人工智能给生活带来的巨大改变。

（2）理解。通过类比、游戏活动等形式，帮助学生初步理解人工智能的基础知识与基本思想，能对人工智能产品的原理作简单解释。

（3）应用。通过体验各种人工智能产品，帮助学生学会与智能工具打交道，能够利用智能工具改变学习和生活的方式。

（4）实践。通过编程的系统化学习，培养学生的计算思维和动手实践能力，使学生能够在实践中完成简单的人工智能作品。

（5）创新。通过对人工智能的整体学习，帮助学生在理解人工智能原理的基础上，完成人工智能产品的创新性设计与开发。

（三）课题研究的主要内容

本次研究首先对核心素养难以落实的困境，以及课程整合的内涵特性进行分析，明确课程整合以发展学生核心素养的可能性，进而找准基于核心素养的课程整合设计基点，以期建构出能使核心素养落于实处的课程整合设计框架。通过对基于核心素养的中学人工智能课程教学的开发、设计、案例展示与评价，为现在或者今后开发核心素养教育理念的人工智能课程与设计相关课程教学案例的同行教师提供一条途径，以及为培养具有创新思维和实践能力学生的中学教师提供一定的参考与借鉴。由此建立研究的中心问题是：课程如何进行整合设计才能使核心素养真正落于实处？课程设计本身具有不同的理解和取向，它可以指向结果或产品的实现，甚至也可以包括课程方案开发之后所进行的课堂教学。据此，提出了如下研究内容：①人工智能课程与核心素养教育理念的整合方式研究。②基于核心素养教育理念的人工智能课程教学设计的框架和评价模型的构建。③核心素养教育理念下的人工智能课程两类课程案例设计与展示。

因此，在本研究中，认为课程设计并非只是单纯地罗列课程目标或种类，还包含了对"有了目标之后如何行动"的思考。在本文中，主要聚焦于学校课程整合方案的整体设计，而不包括课程整合方案开发后的课堂教学。因此，为了解决研究的中心问题，首先需分析当前学生核心素养的落实面临怎样的现实困境，课程整合具有怎样的内涵性质，它又何以成为突破核心素养培养困境的方法之一。要想利用课程整合实现学生核心素养的培养，需先思考基于核心素养的课程整合的设计基点是什么，这个基点又从何而来，以及怎么利用这个基点联结整合设计过程，进而才能继续思考在学习目标、学习活动以及学生评价方面如何进行整合才能实现学生核心素养的发展。至此，基本上构建出了基于核心素养的课程整合设计框架。为了使设计的课程整合框架能够在一线学校层面有效实施，还需深化思考学校层面在进行整合时需要哪些必备的支持条件。

二、课题研究的方法和过程

（一）课题研究的方法

本研究采用的方法：文献法，行动研究法，调查法，案例分析法。

1. 文献法

文献法也称情报研究、资料研究或文献调查，是指对文献资料的检索、收集、鉴别、整理、分析，形成对事实科学认识的方法。在对核心素养和课程整合的研究中，教育界的众多学者贡献了理论与实践成果。通过检索、加工及鉴别众多的文献资料，能了解国内外已有的理论研究进展，还可以明确当下我国基于核心素养的课程整合实践动态，这些都为课题的完成奠定了基础。以人工智能、教学设计、STEM教育、核心素养、创新思维等关键词通过全文数据库、数字图书馆搜索查阅国内外相关的著作、期刊文献、硕博论文等，学习理解相关理论，熟悉研究背景，明确研究问题。

2. 行动研究法

从2018年7月起，笔者积极参与到了基于核心素养教育理念指导下的教学活动、机器人活动指导、人工智能创意编程的指导实践中。笔者作为首届韶关市中小学人工智能创意编程大赛组织委员会成员亲自指导学生参赛。以上与本研究相关的实践，从学生分析、课程目标分析、教学内容选取与设计、课程教学实施框架设计、课程教学评价与改进，到根据研究提出设计模式与案例展示会方案，笔者都参与其中。

3. 调查法

包括问卷调查和访谈。结合核心素养理论的文献研究和教学效果形成调查问卷，以我校两个开设人工智能课程的班级为调查对象，在完成人工智能课程教学之后，对这两个班级学生发放问卷，收集并整理数据。同时对其他校教授人工智能课程的教师进行访谈，进一步了解我国人工智能课程的实际状况，以及教师对核心素养教育的了解情况和对基础整合性进行人工智能课程教学设计的看法。

4. 案例分析法

以我校为例，通过整合性学习教学案例分析，进行适合人工智能课程的教学设计，对人工智能课程教学设计模式进行探究。分析优质的整合性教学案例，从这些案例中找出适合我国中学人工智能课程的部分内容，基于核心素养教育理论设计教学框架，并在后续的实践环节中加以改进。通过实地考察学校层面对于课程整合的具体实践，分析其优势和不足，进而依据本研究中建构的基于核心素养的课程整合设计框架，开发出一套可实施、能使核心素养真正落于实地的课程方案。最后从开发的案例中分析其具有怎样的特点和创新之处，以期为学校层面的课程整合作出指导。

（二）课题研究的主要过程

1. 酝酿准备阶段（2021年2月—2021年4月）

构思、规划、制订出本课题研究的总体方案及各阶段的实施要点，组建实施组织机构，建立课题管理制度，组织参与本课题研究的教师加强相关理论的学习，学习课题研究方案，明确课题研究的意义及做法。

2. 课题实施阶段（2021年5月—2022年7月）

在课题实施过程中，建立子课题组，使教师能根据自己的优势和特长进行有侧重点的研究，在此基础上通过各级研讨活动（公开课、示范课、评课、论文交流、专题研讨、讲座等多种形式），加强教师的总结和交流，为进一步研讨提供有效的经验，并在此基础上不断修改、完善研究方案。

3. 课题总结阶段（2022年8月—2022年12月）

整理课题研究资料、课题研究的认识成果和操作成果，写出课题研究报告和相关论文，并进行成果鉴定。

三、课题研究成果及成效

（一）课题研究的结论

在当今人工智能时代浪潮之下，中学人工智能课程的陆续开设已经是不可阻挡的趋势。由于中学人工智能教育才刚刚起步，无论是课程内容本身还是教学设计，都没有权威的研究文献或教育文件作支撑。笔者梳理了大量国内外核心素养教育相关文献，以核心素养教育理念下的人工智能课程教学设计为例，基于核心素养教育理念对中学人工智能课程教学设计做了初步的探讨，目的是为教育同行在中学人工智能课程教学设计上起到一定的参考与研究价值。到此，基本完成了预期工作。

（二）研究总结

目前，中学人工智能课程主要还是以校本课程或者选修课的形式在各大、中、小学开展。由于没有标准教材和课程标准的指导，中学人工智能课程的选择上就呈现了多种多样的特点。本研究要建立在实践基础上开展。笔者在实际教学过程中主要进行了人工智能课程的Scratch程序教学、Python程序教学与3D One的3D设计课程，以及机器人活动课程指导。基于课程内容的考虑，分别详细展示了Scratch、Python和3D打印设计两个课程案例。

本研究通过实施基于核心素养教育理念的人工智能课程教学设计研究，总结得出以下几点结论：

1. 建立了基于核心素养视野的中学人工智能课程教学设计模型

通过文献梳理和研究发现，中学人工智能课程教学与核心素养教育存在诸多共性，由此提出了用核心素养教育理念来指导中学人工智能课程的教学。

分析了国内外核心素养教育特点以及教学案例，基于传统的教学设计模式，构建了基于核心素养的中学人工智能课程教学设计模型，并在实际的教学环节中加以应用，指导教学设计。为探索中学人工智能课程教学模式尽了绵薄之力。

2. 验证了核心素养能够指导人工智能课程教学设计的可能性

用基于核心素养的人工智能课程教学设计构建的模型指导中学人工智能课程教学设计，能够提高学生对人工智能课程的学科兴趣、自主学习能力、创新思维、编程思维。学生在本课程的学习过程中不但收获了知识与技能，而且对这门学科产生了兴趣。这对学生今后进一步学习人工智能的相关课程，无论是从知识上还是兴趣上都做了相应的准备。

当育人目标从三维目标转向核心素养，也就意味着学校课程要从分化走向整合。通过整合将课程与核心素养对接，这是在核心素养背景下探讨课程整合设计的意义所在。传统课程无法实现与核心素养的对接，实质上反映的是课程设计对教育目标、育人理念的一种偏离、错位。很多教师在课程设计中往往遵循学科本位，把学科知识直接设置为学习目标、学习内容，乃至评价的标准。他们认为，学生学会了这些学科知识，就能应对未来社会中遇到的各种问题，事实上并非如此。在这种课程框架内，学生所学到的知识往往是零散的，在真正遇到问题时无法迁移运用。而在课程整合设计中，学生从一开始就需要清楚所学的知识是用来做什么的，具体的知识和技能都被问题结构化、组织化在情境中，这正好符合核心素养的培养要求。但是基于核心素养的课程整合设计与传统的整合又有所不同。很多学校对于课程整合也进行了实践摸索，但依旧是"整而不合"，这是因为从整合设计之初，其整合的抓手已经偏离应有的指向。基于核心素养的课程整合设计基点应从零碎的知识点转向大概念。大概念反映的是学科本质，它的聚合性、包容性以及可迁移性非常强，而别的零散知识都可以由它聚集和生发。换言之，从大概念引发的知识和能力是个联结紧密的网状结构，它可以与核心素养对接，又可以联结整个设计过程。本研究虽然建构了基于核心素养的课程整合理论框架，但也存在一些不足。当前我国对于核心素养的研究并不深入，也没有根据学段去划分核心素养的具体要求，所以在进行课程整合设计时，对于某一学段的核心素养指向有主观定位的局限。此外，当前国内学校基于核心素养进行课程整合设计的实践还很少，研究中建构的设计框架的可行性还有待证明。

融"五育并举"于"非常1+1"
特色教育的践行研究

一、课题研究的基础以及研究意义

（一）课题研究的基础

《关于进一步减轻义务教育阶段学生作业负担和校外培训负担的意见》印发，这是坚持以人民为中心的教育理念，克服功利化、短视化教育行为，为落实立德树人根本任务、发展素质教育、保障每个儿童的健康成长作出的重要决策。

我们要坚决贯彻落实党的教育方针，落实"双减"政策，转变教育观念。当前，社会聚焦减轻学生课业负担、提质增效等"双减"难题，教育同仁共议破解之法。我校一向以"全面育人为本，为学生的终身发展奠基"为办学宗旨。近年来，我校对信息科技和艺术学科进行了多轮的课题研究，包括广东教育学会教育科研规划课题"信息技术课程对初中生培养创新思维能力的研究"，广东省教育研究院课题"基于STEAM教育理念的初中信息技术翻转课堂教学的应用研究"，人工智能教育联盟·国家云思智学教育数字化战略实验室课题"'双减'背景下初中信息科技分层教学的研究"。我们从STEAM教育和素描、装饰画的技能，到STEAM教育和素描、装饰画的课程研究，再到素描文化的提升，均取得了非常好的研究成果。一路走来，我们将STEAM教育和素描、装饰画育人的理念融于学校文化特色课程之中。近年来，书法、机器人特色项目也逐渐走进学校。从2016年起，我校将艺术、机器人引入学校的特色项目，每一个学期，学校均邀请省内外骨干教师来我校对学生进行艺术、机器人培训，从零基础开始，短短7年时间，已经取得了非常骄人的成绩。2019年下半年，机器人、艺术项目被引入学校重点项目，学校也承办了多届韶关市人工智能机器人竞赛、创客大赛、书法艺术大赛，我校师生的作品获得很多奖项。

（二）课题研究的意义

1. 文化传承的需要

素描、装饰画艺术是我国一种独特的民间文化，"素描"国画自古有之，是我国传统的文化艺术瑰宝之一，它凝聚着我国五千多年的民族精神，也体现了中华民族的美学观念。STEAM教育是一门思维艺术，是人对科学、技术、工程、艺术、数学五者认知的结晶。机器人的多功能性影响人们对它的深刻认识。尽管机器人在国际上有上百年的发展历史，但是我国对机器人的科研价值和教育功能研究不过是近四十年的事情。书法是中华优秀传统文化中不可或缺的一部分，更是华夏文明精髓的代表。

然而，随着信息技术的飞速发展，我们的汉字书写能力被削弱，提笔忘字也成为一种较为普遍的现象。在学校的书法教育方面，也面临师资缺乏、教学效率低等难题。素描、装饰画项目也因一些原因逐渐淡出人们的视线，素描文化、书法文化的传承与发展面临危机，亟须加以扶持和保护。学校教育作为社会文化传承的主要途径，应扎根于民族文化，充分挖掘传统文化艺术资源，利用健康、积极向上的素描、书法文化艺术来培育学生。

2. 学生发展的需要

学校是育人场所，教育的目的是促进学生的全面发展，为社会培养合格的人才。一所学校也是一个小社会，无论是从育人还是教学来说，只有学生发展了，学校才能更好地发展。我们力求在前期的基础上，通过STEAM教育和素描、装饰画艺术文化的浸润和熏陶，使学生拥有善于发现美、感受美的品质，提升其审美情趣与能力，并进一步引领学生在生活中自觉践行STEAM教育和素描、装饰画特质，促进德、智、体、美、劳诸方面和谐发展，使之成长为具有内在文化素养、外在和雅气质的润美学生。

二、课题的核心概念及其界定

（一）五育

从中学教育的层面上来理解，"五育并举"的"五育"是德育、智育、体育、美育、劳育。中共中央、国务院印发的《关于深化教育教学改革全面提高义务教育质量的意见》中提出"坚持'五育'并举，全面发展素质教育"。即突出德育实效，提升智育水平，强化体育锻炼，增强美育熏陶，加强劳动教育。

（二）"非常1+1"

"非常1+1"中的"1"分别指的是我校的信息科技教育特色和艺术教育特色。追溯我校百年发展历程，我校一向崇尚德智体美劳全面发展教育理念，从创办学校伊始，就提出"励群有为，博雅至善"校训。百年来，我们以"文化育人，和谐发展"为办学理念，不断探寻学校的生命密码，提炼学校的精神财富，力求每个学生得到全面发展。

（三）"非常1+1"特色教育践行研究

以德智体美劳"五育并举"为基本理念，以STEAM教育和素描、装饰画为主要项目，构建"非常1+1"的系列化活动体系，包括课后服务拓展活动，综合实践课融合活动，各学科中渗透"五育"的教育实践活动，综合实践基地"韶关市创客教育示范学校"的研学活动，素描文化、创客机器人校本主题活动等，提高学生思想，发展学生道德情操；丰富学生知识，发展学生智力；增进学生身心健康，提高体育运动质量；鼓舞学生热爱劳动、热爱劳动人民，并进行创造性的劳动。

三、国内外同一研究领域现状与研究的价值

国外对"五育"教育并没有明确的提法，但国外的课程研究也是很有特色的，特别是一些发达国家，开设的德育课程也是很丰富的。在教育教学过程中，一些国家对学生同样进行人格培养、社会性的养成、健康教育，让学生参与社区活动、劳动体验活动，与之相关的课程也被纳入学校课程体系。一些发达国家还创造性组织跨学科的学习活动，比如自然体验、社会参观、制作与生产活动等。虽然没有关于"五育"的专门理解，但不难看出，国外教育对于学

生的德智体美劳教育同样也是非常重视的。

国际上也有很多专家组织对"五育融合"开展研究。在世界经济合作与发展组织（OECD）确立的三类当代亟须的"核心素养"中蕴含了"五育"特性，例如"交互使用语言、符号和文本的能力，交互使用知识和信息的能力，交互使用技术的能力"，其实质是"智育"和"劳动教育"；又如"在异质群体中有效互动的能力""与他人建立良好关系的能力、合作能力""管理并化解冲突的能力"等，则融合了"德育""智育"和"美育"；再如"自主行动能力""适应宏大情境的行动能力""形成并执行人生规划和个人项目的能力""维护权利、兴趣、范围和需要的能力"等，体现的是"德育""智育"和"劳动教育"的兼容。此外，欧盟（EU）于2000年提出了"新基本能力"概念，2005年又提出了8项核心素养，包括母语素养、外语素养、数学素养和基本科技素养、数字化素养、学会学习、社会和公民素养、主动与创新精神、文化意识与表达等，不仅是整体涵盖，更是综合融通了德智体美劳"五育"内容。美国学者隆·米勒提出"全人教育论"，世界著名教育家小原国芳也进行了深入的实践研究，他认为全人教育应包括"学问""道德""艺术""宗教""身体"和"生活"，分别指向"真、善、美、圣、健"等五大价值取向。

在我国，"五育并举"是由教育家、思想家蔡元培提出来的。他在1912年初出任教育总长时提出："五育"指军国民教育、实利主义教育、公民道德教育、世界观教育及美感教育五项主张。在现代，对"五育"的研究非常著名的是华东师范大学的李政涛教授，他说：当下，从"五育并举"到"五育融合"，已经成为新时代中国教育变革与发展的基本趋势。这一趋势的出现与"育人"有关。"怎样育人"以及如何提升"育人质量"，成为未来中国教育改革亟须回答的重大问题。"五育融合"不仅是"全面发展"，更是"融合发展"。所有教育活动对人产生的育人成效，很难截然分离为这是"德育"，那是"智育""体育"，或者"美育"仅在这里体现，"劳育"只在那里浮现……"五育融合"是一种"育人假设"，"五育融合"是一种"育人实践"，"五育融合"是一种"育人理念"，"五育融合"是一种"育人思维"……

"五育融合"的提出，也带给新时代中国"教育体系"的诸多改变，已有先行者进行了多方面的实践探索。例如上海平阳小学，以"Walking上海"为主线，综合构建"劳技、美术、自然拓展探究"为一体的课程，即"木创课程"；上海金山区山阳中学构建了"以艺育德，以艺启智、以艺培能、以艺促美、以艺养心"的教学体系；兴塔小学则构建了"以球润德、以球促学、以球健体"的足球育人体系等。虽然各地各校所选择的"五育融合"的切入点或抓手有所不同，如"学科科目""课程内容""教学方式"，以及构建的"课程与教学体系"，但共同生成了一种行之有效的"五育融合"范式："引领——融合"式。它分为三种类型，包括"某育融合式""活动融合式""教材融合式"。

四、研究价值、目标、内容、重点以及思路

（一）研究的价值

（1）本课题的研究促进了人的全面发展。"每个人的全面、自由而充分的发展"是马克思主义关于人的全面发展的理想，也是教育本质的体现，而本课题中"五育"的核心内涵正是顺应了人的全面发展的必然要求，顺应了学生身心发展特点的客观需要，有利于促进人的全面、和谐发展，真正实现立德树人的教育任务。

（2）开展此课题的研究是素质教育和课程改革发展的必然要求，是对中华优秀传统文化的传承、传播的客观需要，将对素描、书法等中国民间文化遗产的抢救工程作出一些贡献，同时对其他传统文化的传承与发展具有一定的借鉴作用。

（3）本课题的研究重点是在活动载体中体现教育教学思想，旨在带动全体教师在各类教育教学活动中转变教学思想和教学观念，引导教师进行活动方法、课堂实践的研究，使素描、书法等文化精髓成为活动实践的支撑、导向。力求通过改进活动中教师、学生的评价方式，帮助学生形成正确的人生观，让每一个活动成为学生享受快乐、享受生命、发展个性的场所，让学生真正成为栋梁之材。

（二）研究的目标

本课题的研究将学校原有的一些活动按照"非常1+1"的课程理念进行整

体设计，做到"五育融合"，提升学生品德，促进学校教学质量的发展，培养五育全面发展的优秀学生。

1. 培养"五育"全面发展学生

以"非常1+1"教育活动为载体，通过有特色的素描、书法文化，机器人竞赛的STEAM教育活动，让学生直接体验和感受，培养学生的表现能力、协作能力、艺术鉴赏能力和创新能力，开发学生的潜质，提高学生的审美素养，培养"五育"全面发展的优秀学生。

2. 成就"五育"全面发展教师

在课题研究过程中，参与课题研究的教师应形成良好的主体意识，领悟"五育"教育理念，开阔教育视野，努力做到学识精深，温文尔雅，提升个人素质和专业修养，以修养和人格魅力影响学生；提高校本课程建设的能力，形成积极主动的教学风格和主体意识，探索特色教育活动的新方法、新机制，立足课堂教育教学实践，树立儒雅睿智教师新形象，成为"五育"全面发展的优秀教师。

3. 打造有"灵魂"的学校

以"非常1+1"为载体，深刻理解"五育"教育内涵，通过开展社团研究活动、课后服务拓展活动、综合实践课程融合活动、"创客空间"研学活动、班级特色文化主题活动等实践研究，进一步推进学校文化建设，形成独特的思想文化、精神文化，提升学校竞争力，凸显学校浓厚的教育特色，朝着"改革、实验、示范、高质量、有特色、现代化"教育品牌努力发展。

（三）研究的内容

1. 基于"五育并举"的"非常1+1"系列化活动的文献研究

围绕"五育并举""素描文化""书法艺术""创客空间"校本课程等关键词，搜索相关文献，拓展研究视野，加深对课题研究核心概念的理解。

2. 基于"五育并举"的"非常1+1"系列化活动整体构建的研究

在学校多年来形成艺术文化传承、书法艺术传承和信息科技创客基地三大优势项目基础上，进一步构建突出"五育并举"的系列化活动：包括内容专业化传承社团活动研究、"双减"政策下课后服务拓展活动研究、省级STEM教育工作室活动、书法工作室活动、创客空间主题活动研究、各学科教学有机渗透

"五育"融合教育活动研究、综合实践教育活动研究、韶关市创客教育基地综合实践研学活动等。

3. 基于"五育并举"的"非常1+1"系列化活动实施的案例研究

案例的内容主要针对素描、书法和机器人，案例包括班级案例、社团案例、研学案例等，目的在于通过对案例典型性的解剖，探索"非常1+1"系列活动的基本规律。

4. "非常1+1"校本传承中对"五育并举"评价的研究

每一个活动都会从目标定位、内容选择、实施过程、效果评价等方面来关注，形成过程性评价与结果性评价相结合的综合评价方案。

（四）研究的重点

重点为"非常1+1"活动内容的整体构建和具体实施方式的研究。

（五）研究的思路

1. 文献学习，拓宽视野

学习与课题有关的理论知识，在思想上对学校的课题有明确的认识。

2. 营造气氛，环境育人

在平时的教育教学过程中，围绕素描、书法文化、创客教育特色，对学校的校园文化环境进行精心的布置，让学校的每一面墙，每一条走廊，每一个教室都能"说话"，营造浓浓的育人氛围。

3. 有机渗透，融入课堂

课堂教学中以课题为引领，精心设计教学，让素描、书法文化真正深入人心，真正做好在艺术文化、书法、创客特色中让"五育"教育深入人心。

4. 细致分解，层层分解

按照"非常1+1"的实施思路，将研究任务层层分解，落实到人。

5. 条线并进，全员参与

抓住每条线的活动实践，在活动中，发挥"非常1+1""五育"功能的魅力，激发教师、学生的潜能，使学生在潜移默化中得到身心的全面发展，真正成为有用之人。

（六）研究的主要过程

第一阶段：课题准备与申报阶段（2023年8月—2023年11月）

（1）本阶段的主要任务是制订课题方案，根据课题研究内容确定课题的研究方向，成立课题研究小组，对课题组成员进行明确分工。

（2）学习有关课题方面的理论，进行有关的文献研究，从理论上为课题组研究建立资料库。对学校教师专业发展现状进行分类调查，形成调查报告。

第二阶段：课题研究与实施阶段（2023年12月—2024年7月）

本阶段的主要研究任务是在专家的引领下指导下，每个月有针对性地对课题进行实践研究，积累好课题研究的相关资料，进行课题中期评估，完成阶段性任务。

第三阶段：课题总结阶段（2024年8月—2024年12月）

对照课题实验方案进行梳理，全面反思，形成研究过程和研究成果，撰写课题结题报告，形成一系列如专题研究论文、案例随笔等形式的成果。

五、课题研究的方法

（一）文献检索法

广泛收集各活动中相关课题研究成果，并通过著作、报刊、网络等各种渠道吸收借鉴先进理念，挖掘课题理论的深厚底蕴。

（二）行动研究法

以各类活动为载体，形成让教师发展、学生成长的策略与途径。

（三）经验总结法

组织课题组成员不定期地开展经验交流与总结，积极撰写随笔、反思、经验论文，采取总体规划、分步推进的策略，定期进行分析、汇总阶段成果。

（四）案例研究法

在研究过程中，对"非常1+1"系列活动进行案例分析，总结活动成功经验，形成研究成果。

六、课题研究的主要观点与可能的创新之处

（一）主要观点

观点1："非常1+1"系列活动是校本探索"五育并举"落地的有效方法。

有针对性地对我校的具体情况采用切实可行的活动内容，培养"五育"全面发展人才。通过该课题的研究，将形成我校的特色品牌，将"五育融合"理念渗透到每一个领域中。

观点2："非常1+1"系列活动是打造学校特色的最好载体。

一所学校，一种理念，一种精神，一个品牌。一所学校承担着塑造学生人格的使命，我们将"五育"融合于学校特色项目、课堂教育教学、艺术、STEAM教育之中，这样的研究必将给我们学校带来全新的变化、全新的发展、全新的面貌。培养"五育"全面发展的优秀学生和优秀老师，把"五育"渗透到每一次的活动中，形成具有我校特色的品牌。

（二）可能的创新之处

创新点1：本课题的研究与众不同的是从各类活动、评价入手，转变教师的教育教学观念，让学生学会求知的能力，学会在应变中做事的能力，学会共处的能力，学会生存和发展即学会做人的能力。

创新点2："非常1+1"系列化活动是在当前"双减"背景下对育人模式的最新探索。"非常1+1"系列化活动极大地丰富了课后服务的内容，满足了学生对多元化发展的期待。

七、预期研究成果

	成果内容	成果形式	完成时间
阶段成果	课题研究现场展示活动	现场课堂教学	课题研究过程中
	《紫荆》校刊研究成果专辑	研究成果汇编	课题研究过程中
	课题中期汇报	研究课、讲座	2024年7月
	相关研究论文	论文	课题研究过程中

	成果内容	成果形式	完成时间
最终成果	课题研究报告	文本	2024年12月
	相关研究论文	论文	课题研究过程中
	培养更高层次骨干教师	省级骨干教师	课题研究过程中

八、完成研究任务的可行性分析

（一）研究团队

课题研究主持人为首批广东省STEM科创创客项目学习领航名师工作室主持人，第三批广东省科技教育名师工作室主持人，首批"粤派名师"人工智能学科名师工作坊主持人，1981年出生，硕士研究生学历，主持过省、市级课题，有很强的研究能力和主持能力，多篇论文在国家级、省级刊物发表或获奖。课题组成员为韶关市级学科带头人、学术带头人。

（二）研究基础

我校是广东省STEM教育教改实验学校、韶关市创客教育基地，全市唯一的一所清华美术创新人才培养实验学校，对STEM教育和艺术课程的研究已经有了深厚的基础，有一定的经验。特别是广东省STEM科创创客项目学习领航名师梁桓源老师，韶关市美术学科带头人陈荣仪老师，在这些方面的研究独树一帜，已经有了非常成功的经验。同时，在课题申报前，课题主持人参加了广东省教育研究院关于STEM科创教改实验学校、教改实验骨干教师课题结题工作，省专家对学校的整体发展、教改实验工作做了规划，初步形成了学校的特色文化内容设想。专家对我校的"非常1+1"系列活动非常赞赏，他们认为我校在多年研究的基础上再次提出这个系列活动研究，是很有研究意义和价值的。

（三）保障条件

我校是韶关市教育科研先进单位，学校历来非常重视教育科研工作，投入经费每年递增，本课题研究工作得到学校的大力支持，奖励措施非常到位，对骨干教师及教师论文、竞赛奖励力度大幅度提升。

中学信息科技教学之学生创新能力培养

一、选题依据

（一）到底要做什么？方向明确

构建"自主、合作、探究"课堂教学模式，培养学生思维的独立性和学习的自主性。通过创建数字化教学环境，提高学生数字化学习的能力，激发学生的学习积极性，提高学生的学习效率，充分发挥学生的个性特长，促进学生个性化学习，讲练结合，及时而有效地实现知识点由理解到运用的转换。这才是真正的高效课堂。

（二）到底要怎么做？过程明确

以"STEM教育"为载体，转变教师观念，形成浓厚的教研氛围，提高教师的教科研水平。

（三）到底要做成什么样？目标明确

转变教师教学行为，让教适应学，让教辅助学，让教服务学。实现从"传统课堂教学模式"向"STEM课堂教学模式"转变，努力克服学生长期以来依赖老师"教"的学习习惯。一节课下来，老师所讲的知识点，70%左右是可以当堂理解和识记的基础知识点，而30%左右的知识难点是要求当堂熟记并会运用的，这个环节特别重要。

（四）到底要贡献什么？结果明确

形成比较成熟的"先学后教，当堂消化，教学做合一"的课堂教学模式，打造适合学生发展的优质高效课堂。

二、研究内容

"双减"政策是为摆脱"功利化、短视化"的教育困境，坚决落实立德树人根本任务，促进学生全面发展而做出的重大决策。这一举措不仅对于教育行业来说是一场"风暴"，对于老师、家长和学生来说更是一场"考验"。

聚焦信息科技课堂，为有效促进教师的专业发展，切实提高课堂教学实效，信息科技课堂教学要从科技操作培养转向素养培养，完成从"教书"到"育人"的转变。

以科学的教育理念为指导，以推进素质教育为核心，以学生全面发展为目标，本研究重点从改变传统教学模式入手，以改变"课堂教学设计、作业设计质量"为抓手，让不同的学生在原有的基础上都能得到不同程度的发展，全面提高学生的综合素质，加深对优化课堂教学过程的认识。

（一）课题的组织结构

（1）参加本课题研究的都是经验丰富、精力充沛的中青年教师（袁韶娟是中学一级教师，特别注重学校信息化建设；何秀琴是市级骨干教师培训班辅导老师），研究力量较强。

（2）课题组成员构成具有各方面的代表性，成员都是从事教育教学工作的一线教师，各有研究专长。

（3）本课题组成员都是我校的骨干教师，同时也是各组教研组长。不仅思想先进，思维活跃，且有较高的业务水平和科研能力，能在一定范围内进行课题实验研究和操作实施。他们思想先进，有旺盛的精力和扎实的理论基础，有能力胜任此项课题的研究。

（二）实施的原则

1. 分层推进原则

充分考虑学校、教师、学生和家长实际，在学习讨论的基础上，以点带面，坚持分年级推进。

2. 求真务实原则

把课堂真正还给学生，要充分认识到真正的学习是学习者自主认知和建构的过程，学生是学习的主体，课堂是学生学习的主要场所。不搞形式，不搞假自主、假合作、假互动、假探究。

3. 传承与创新相结合原则

实验要立足校情、学情，边实验边完善，合理整合资源，发展创新。"双减"政策下的课堂教学，应聚焦学科核心素养的培养。

4. "双提"助"双减"原则

从"两个维度""两个提高"保证学生学习质量：站在增效的深度去思考，提高课堂教学质量；站在提质的高度去落实，提高作业设计质量。

三、思路方法

（一）课题研究的方法

1. 观察法

在教学过程中对学生在STEM模式下学习时的行为进行有计划、有目的的观察，从而感知学生在STEM模式下学习的过程中探究新知识及验证知识点时的合作学习效果。

2. 文献法

查找有关STEM模式的研究资料，在有关专家的研究基础上分析与比较，探究最恰当的STEM模式学习方式。

3. 问卷法

制订问卷调查，选取某一阶段的学生与相关教师为调查对象，把他们对STEM模式学习、个性化学习和分层教学的感受及存在的问题进行归纳分析，以此提供本次研究的资料，以便开展活动。

（二）实施步骤

2022年8月—9月：确定课题研究方向；召开承担课题研究的成员会议；制订实施可操作的方案；课题研究各成员分工调查师生在"双减"背景下，普遍的焦虑现状；收集、整理、调查实验的相关素材；组织课题组成员及相关教师学习、讨论；确定试点年级和班级，遴选优化课堂教学方式的教学实践教师。

2022年10月—2023年10月：尝试在课堂中引入生活中的实例，如借助数字化学习环境，引导学生体验数字化学习与创新活动，帮助学生或者老师学会运用数字化工具表达思想，建构知识；以全新的教育教学理念从事实验工作；定期对课题实施情况进行专题调研；探究如何落实"双减"下的信息科技课堂强化教学管理的实验工作；举办阶段成果汇报展示会，并研讨交流。

2023年11月—2024年7月：对各小组实验效果进行检测评价；对优秀的课堂实例进行观摩学习；撰写实验总结报告；汇编整理课题的优秀论文；汇总课题的优秀课例和典型个案；汇总优秀课件；总结课题研究并完成结题报告。

四、研究创新

课题的创新之处：

（1）增强学生个性、合作意识，优化作业设计质量，培养学生独立思考的能力，由此激发出学生的团队合作精神。有了这样一个明确的奋斗目标，学生才能全身心地投入学习中，发挥各自的特长，互相帮助和启发，积极承担起共同完成的责任，形成荣辱共享的合作意识。

（2）改变学生的学习方式，以问题为主线，变被动学习为主动学习，培养学生的逻辑思维能力，同时促进学生的形象思维的发展，并使学生思维向敏捷性、创造性、独立性和批判性发展，充分发挥认识主体的创新性，为学生的终身学习奠定基础。

（3）让学生的脑"动"起来，参与思维活动。在这个过程中学生不断提出问题、分析问题、解决问题、积累经验，认识在不断提高，能力在不断得到培养，情感在不断升华。要想达到这种境界，教师必须认真钻研教材，充分挖掘课程资源，让学生历经知识的产生、形成、发展过程，并使其从中感受和体验学习的乐趣，使他们始终处于兴奋的状态，以提高其思维能力。

五、研究条件

（一）主要参加者的学术背景和研究经验

第一负责人梁桓源同志是广东省科技教育、人工智能、STEM科创教育名师，一直致力于中学信息科技教学方法的探索，主持省级课题"信息技术课程对初中生培养创新思维能力的研究""核心素养视野下中学人工智能整合性学习的课程创新设计研究"和"基于STEM教育理念的初中信息技术翻转课堂教学的应用研究"，市级课题"基于翻转课堂理念的初中信息技术教学模式的应用研究"，现都已结题，并有多篇论文、课例获得国家级、省级、市级奖励。

第二负责人何秀琴是学校信息科技骨干教师，市级骨干教师培训班辅导老师，撰写的论文、案例先后有多篇获得省、市级奖励，对新的教学手段和高科技具有很强的接受性，业务能力较强，其研究已取得很好的研究成果。

成员整体较高的业务水平保证了本课题研究的顺利进行。

（二）完成课题的保障条件

1.硬件过关

我校是广东省教育信息技术2.0省级示范学校，拥有韶关市教育信息化名校长工作室，正努力营造一个利用现代教育技术发展的学校全新氛围。近几年，学校自筹资金，加大投入，信息化建设初具规模，目前拥有2个网络多媒体教室、3个学生机房、2座自动录播室等，现代化功能室一应俱全，设备齐全；每个教室都配备了触摸多媒体一体机，实现了班班通；建成了200 MB光纤有线和无线校园网络，实现校园网络全覆盖，网络连接顺畅，校园网和内网均已建成并投入使用。

2.基础扎实

对翻转课堂中的微课设计，在我校已经开展多届"微课"大赛。对与翻转课堂相配套的学习任务单的设计，我们一直在向实验学校学习。同时，在前期的学习中已经收集到了大量的理论研究材料，形成了系列的研究资料储备。对"翻转课堂"和"微课"在国内外研究情况和发展现状进行了初步了解，为本课题的研究提供了坚实的基础。

3.政策倾斜

为调动课题组成员的积极性，学校给予参与课题研究的教师一定的工作量补贴，为保证课题组成员有进行本课题研究的时间，在其承担的教育教学任务方面给予合理分配，以减轻其过重的工作负担。同时，课题组教师能优先参与各级各类培训。

六、预期成果

（1）落实基于核心素养的信息科技学科教学创新实践。

（2）形成教学设计、教学实录、教学反思、教学经验、教学策略研究专辑，总结与推广实践经验。

（3）形成优质课教学案例。利用广东省黄振余名教师工作室进行莞韶交流展示、示范，同时发挥广东省科技教育名师工作室（主持人梁桓源）、首届"粤派名师"工作坊（主持人梁桓源）及广东省STEM科创创客教育项目学习领航名师工作室（主持人梁桓源）的示范作用。

（4）形成创新资源库。收集电子素材，包括图片、声音、课件、学件、微课、练习及学生课堂作品等内容，加深学科教学创新实践经验积累。

（5）形成科研论文。给出完备的实验材料，提高实验成果转化为课堂教学创新的原动力水平。

（6）形成课题实验报告。便于总结表彰、专家审议、课题结题；提高参加实验人员的教育科研水平。

参考文献

[1]朱春辉.信息科技教学中利用学科特点培养学生创新能力［J］.成功（教育），2010（7）：170-171.

[2]吴军.中学信息技术课堂教学初探［J］.贵州教育学院学报（自然科学），2002，13（4）：99-101.

[3]吴誉兰，胡友君.新课标改下的中学信息技术课堂教学设计［J］.中国现代教育装备，2010（6）：117-118.

科创和STEM教育研究与教学实践探索

STEM教育是一种基于项目的、探究式的学习方式。在本研究中运用行动研究法,严格按照"计划—实施—反思—再计划"的流程,在项目活动中探究STEM课程实施的方法,形成STEM课程模式,发现问题,提出改进策略,优化模式,再实施再改进,最终形成了"情境体验,定义问题—头脑风暴,制订计划—分工协作,迭代改进—交流评价,拓展延伸"的教学模式(学习模式)。通过课程设计与实践,形成了符合我校STEM教育的课程框架和教学项目,所形成的研究成果在省、市、区级进行交流展示,为今后STEM教育及课程开发提供了更多的参考与验证实例。

一、实验背景及界定

(一)实验研究背景

1. 青少年STEM教育得到关注

STEM教育是青少年科学教育的创新,有利于发展青少年学习与创新、信息、媒体和技术等21世纪技能,能够帮助青少年更好地适应未来。

2. 已有研究的不足之处

青少年STEM教育已有研究的广度、深度不足,实践较少。

3. 基于STEM教育实践活动中存在的问题

例如:目标制订维度存在差异,课程内容的深度及延伸度有待提高,评价方式单一,课程实施及教师指导策略中存在不足。

（二）概念界定

1. STEM课程

STEM课程是一门跨学科的应用型课程，融合了工程思想，以解决现实问题和积累经验为基础。STEM课程从内容上主要分为四大部分：科学课程、技术课程、工程课程和数学课程。STEM课程是以项目为主导的学科间知识的整合。

2. 青少年STEM课程

在STEM理念下，以项目活动的形式呈现，教师与学生共同参与，以解决实际生活中的现象或问题为基础，通过"情境体验，定义问题—头脑风暴，制订计划—分工协作，迭代改进—交流评价，拓展延伸"的模式进行探究活动，从而达到激发学生学习兴趣，培养学生的问题意识，提高学生解决真实问题的目的。

3. 项目活动

项目活动又称给予项目教学、方案教学等，简称PBL项目活动，一般分为四个阶段：决定目的—拟订计划—实施计划—评定结果。

二、理论依据及意义

（一）理论依据

1. 建构主义理论

建构主义学习理论源于青少年认知的发展，该理论认为一个人的学习过程与其认知过程是有密切联系的，青少年根据自己的已有经验，在一定的环境和情境下，建构自己新的知识。STEM课程是指学生在真实的问题情境中，利用自己的已有经验，去解决现实中的复杂问题，并在解决问题的过程中螺旋上升递进自己的经验。

2. 杜威实用主义理论

杜威的实用主义理论强调以学生为中心、以活动为中心、以经验为中心。杜威的"教育即生活"强调教育应该关注学生目前的生活环境，把现实的日常生活与教育融为一体，教育内容不应该脱离社会现实和社会环境，学生接受教育的过程也是一个生活化、社会化的过程。杜威认为"教育即生长"，教育应该尊重青少年的发展顺序和规律，崇尚科学性的教学方式，让青少年在主动探索中不断增长经验、改造经验。

（二）研究意义

1. 从理论层面看

以项目学习为载体，丰富及完善STEM教学模式设计、STEM教育方法等。

2. 从实践层面看

将STEM课程模式在课程实践中修正及完善，并形成STEM课程案例。希望能够促进学生STEM素养的提升，提高教师开展STEM活动的能力。

三、研究的目标、内容、方法、步骤及过程

（一）研究目的

（1）从选择主题、课程实践、评价实施等方面入手，探究适合我校发展的STEM课程实践模式，为学生开展STEM活动提供一定的支架。

（2）期望在STEM活动中最大程度地满足学生通过感知、操作、探究、实验来发展需求，提升学生发现、设计、建构、创造、合作并解决问题的STEM素养。

（3）提升本校教师的STEM理念，在研究中解决关于STEM的实际困惑，提升教师开展STEM活动的能力。

（二）研究内容

（1）基于项目活动的青少年STEM课程实施的现状及分析。

（2）依据教学模式的五个基本要素对STEM教学模式进行深入剖析、设计及建构。

（3）将前面提到的教学模式运用于项目活动的教学实践中，校验优化并建构学生STEM课程实施的可行模式与方法。

（三）研究方法

1. 文献法

运用文献研究法对STEM素养及教学模式进行分析，建构STEM教学模式。运用集体讨论法设计项目活动方案。

2. 观察法

分析STEM教学模式在我校实施过程中存在的问题、原因。

3. 访谈法

针对授课教师、学生和家长制作访谈提纲。对于授课教师来讲，内容主要包括STEM课程的建议和问题等。对学生和家长来讲，主要内容是对所接受的STEM教育是否认同，从受教育者的角度看待课程设计与实施是否合理，以及对教师及课程提出相关建议。

4. 行动研究法

通过组织、观摩教学过程及观察学生表现及成果，研究小组以讨论、评价、反思、调整等方式探究教学模式和教学设计的优点与不足，对已有的教学策略和模式进行完善、改进、优化、再实施、再改进。运用行动研究法，将模式实施于项目活动中，通过三轮教学优化模式。

四、步骤及过程

（一）研究阶段

本研究严格遵守行动研究四个阶段，分为"预诊—收集资料初步研究—拟订总体计划—制订具体计划—行动—总结评价"六个步骤。

1. 预诊

反思发现现阶段STEM活动实施中存在的问题，根据实际情况进行诊断，得出行动改变的初步设想。

2. 收集资料初步研究

课题组成员对问题进行初步讨论和研究，查找解决问题的有关理论、文献资料等，听取各方意见，共同讨论，以便为总体计划的拟订做好诊断性评价。

3. 拟订总体计划和具体计划并实施

可以在实施过程中调整计划。

第一次行动研究主要解决的问题：教师和学生初次共同开展STEM活动中出现的问题，分析问题的本质，对后阶段的试课活动提出解决方案。

第二次行动研究解决的问题：采取第一阶段的有效策略开展活动，测试策略的有效性，同时分析并总结在探索阶段的观察指导策略。

第三次解决的问题：建构并优化项目活动中青少年STEM课程实施的可行模式。

4. 总结评价

对整个研究工作进行总结和评价。

（二）研究过程及分析

1. 教学模式的分析、设计、建构

在对现状分析、已有研究分析的基础上，以建构主义理论、杜威实用主义理论为基础，以STEM素养、《青少年学习与发展》为教学目标，以工程设计方法、科学探究方法、5E教学模式［吸引（Engagement）、探究（Exploration）、解释（Explanation）、迁移（Elaboration）和评价（Evaluation）］为教学程序，以总结性评价、过程性评价为教学评价方式，初步设计、建构了课程模式。

2. 实践校验，修正模式

在行动研究的第一阶段，将课程模式运用于"控制与设计——停车场车位管理装置"活动中，通过创设问题情景，聚焦"哪种办法能够又快又准确记录车辆的进出情况？"开展对需要进入停车场的车辆提供车位的信息及生活作用探究。在课程实施中通过访谈法、问卷法对学生及观察者进行调查，根据师生反馈修正模式，修改为"情境体验，定义问题—头脑风暴，制订计划—分工协作，迭代改进——交流评价，拓展延伸"模式。总体而言，第一阶段的实验目的达成，增加了教师教学活动的实施体验，提高了课题组教师对STEM教育的思维意识，丰富了内涵理解。

在行动研究的第二阶段，在课程设计上，引入真实情境，聚焦核心问题。在第二阶段聚焦准确记录车辆的进出情况，将核心任务定义为"怎样通过智能传感器记录车辆进出信息"，有利于学生明确限定条件及任务。在课程评价方面，多元评价，促进学生个性发展。在第一阶段中，评价以教师评价为主，学生小组互评为辅。在第二阶段，依据STEM素养和STEM能力制作活动自测表完成自评，同时教师通过"学习故事"记录学生活动过程，使家长参与到评价中。在教师支持策略方面优化模式，层层搭建支架。

在行动研究的第三阶段，围绕两个目的来开展。

（1）通过"搭建停车场"项目活动完善检验课程模式。

（2）总结教师支持的有效策略。发展学生团队合作、反思与批判性思维，工程设计与工程思维，以及在真实情境中解决实际问题的能力等。

具体研究步骤见第四章"智能停车场"。

五、研究结果与成效

（一）基于科创STEM教育理念的项目式学习模式

1. 项目主线图

（1）情境体验，定义问题。

（2）头脑风暴，制订计划。

（3）分工协作，迭代改进。

（4）交流评价，拓展延伸。

2. 基本特征

（1）STEM活动来源于生活中真实的、具体的问题情境，具有真实性、挑战性、开放性、趣味性、典型性。

（2）围绕驱动性问题、核心问题、单元问题开展项目探索，对问题进行深入讨论及层层分解。

（3）项目探究过程遵循工程设计与实施的过程，根据问题的需求，通过实地调查及文献资料学习收集相关信息，考虑限定条件，选择优化方案，环节层层深入推进，优化与迭代，最终解决问题。

（4）项目评价要具有过程性和多元性。

（二）教师实施策略建议

（1）善于观察、倾听、记录学生。敏锐观察与捕捉学生对生活现象的好奇与困惑，珍视学生的问题，并通过显性或隐形的支持策略启发学生进一步思考。将学生的问题进行精选分解、归纳整理，依据问题所对应的知识经验的递进性、层次性形成相应项目框架，促进学生的深度学习和探究。

（2）组建团队进行角色分工时，鼓励学生发现自己和同伴的优点和长处，鼓励学生自己解决矛盾与冲突。

（3）善于追问"为什么？"激发学生在已有经验的基础上进行进一步思考、深入探究。善于提问"怎么做？"支持学生将天马行空的想法落地。坚持以生为本，尊重学生的想法和个体差异，为学生提供充足的支持。

（4）在项目评估上从四个方面进行引导：一是引导客观评价；二是引导督

促改进；三是引导互相协作解决在活动中出现的问题；四是引导科学思考，针对所出现的问题积极溯源，寻找问题出现的原因，并寻求新的解决方案。

（5）活动评价关注过程，要从学生的学习品质、团队合作、科学探究的方法、工程完成度等多个角度开展多元评价。同时结合学生自评、同伴互评、教师评价、家长评价给出综合性评价。

（三）研究创新点

（1）STEM的教学模式与理念，融入校本课程，并形成STEM特色的班本课程。

（2）家校共育微创新（线上教学）：

学校方面：学校要为学生营造良好的教学环境。对教师进行线上教学辅导，规范教师线上教学的行为，加强教师的能力提升培训与意识观念的转变，尽快提升在线教学的质量与效果。丰富家校共育渠道和方式。

教师方面：网上教学更需要教师具有专业性。教师要认真备课，抓住教学重难点，时刻关注学生的学习动态。由于网络教学的形式限制，教师不能直观了解学生的学习情况，因此教师还应经常与家长进行沟通，了解学生在家的学习状态、进度，更好地体现家校共育。

家长方面：家长应该为孩子创造一个宽松的学习环境，努力配合学校教师的教学；关注孩子的学习，主动去了解孩子的学习进度；同时引导孩子正确使用电子媒介获取知识，合理安排上网时间等。

（3）关注初—高衔接。

（4）关注社会中的真实问题，形成项目活动，培养学生的主人翁意识和社会责任感。

六、存在问题及改进

（一）研究不足

（1）研究者自身理论经验及实践经验不足。

（2）STEM教学模式能否有效提升STEM综合素养，需要进行长期的教学实践和研究。

（二）改进方法

（1）将STEM理念及STEM项目式教学方式应用于校本课程中。

（2）注重实践，构建完整的STEM课程体系。

参考文献

［1］仲娇娇.STEM教学活动设计与应用研究［D］.上海：华东师范大学，
2018.

［2］翁聪尔.美国STEM教师的培养及其启示［D］.上海：华东师范大学，
2015.

［3］马红芹.美国K–12阶段"科学、技术、工程和数学"（STEM）教育研
究［D］.南京：南京师范大学，2015.

基于STEM教育理念的初中信息技术翻转课堂教学的应用研究

一、选题依据

（一）研究背景

1. 信息技术课程改革的方向

随着教育信息化的发展，对我国公民的信息素养要求越来越高，培养创新型人才成为教育改革的目标。2016年，教育部颁布的《教育信息化"十三五"规划》中提出：要积极利用信息技术手段开展创客教育、STEM教育等创新型教学模式，更加有效地培养学习者的信息素养。信息技术课程作为一门旨在培养学生信息素养的学科，对培养创新型人才起到了关键性的作用。因此，我国对信息技术课程进行改革是教育信息化发展的必然趋势。为此，要改革传统的信息技术课程教学模式，在初中信息技术课程中增加创新型教学模式，更加有效地提高学生的自主学习能力及合作学习能力，提升学生的信息素养，努力达到培养创新型人才的目标。

2. 翻转课堂教学模式的兴起

在现代教育与信息技术相结合的发展过程中，翻转课堂的出现是时代发展的必然结果，其以开放式、个性化、以学习者为中心的特点悄然兴起，现已发展成为当前非常流行的教学模式。2014年，美国新媒体联盟发布的《地平线报告》中，三个阶段六项技术中的第一位就是"翻转课堂"，成为当前流行的主要教育技术。《地平线报告》指出，很多学习技术在高等教育中应用后，渐渐走进中小学校园。现在，大部分高校已经接纳了这种教学方式，因此在中小学校园中大力地实施翻转课堂教学模式也成为必然趋势。在这样的时代背景下，如何在我国中小学教学中实施翻转课堂教学模式，是信息技术学科教学者应研究的热点。

（二）研究意义

1. 理论意义

在理论层面，本研究对国内外翻转课堂文献和STEM教育文献进行总结和梳理，并对翻转课堂内涵和STEM教育的本质、内涵、特点进行具体的分析和阐述。根据建构主义理论、多元智能理论和认知发现学习理论的核心思想，将STEM教育理念融入翻转课堂的教学环节中，构建适合我校初中信息技术课程的翻转课堂教学模式，为初中信息技术课程的教学改革开辟了新道路。同时，完善了我校翻转课堂教学模式的设计，对我校基础教育阶段的翻转课堂教学模式的构建起到了促进作用，并为我校STEM教育的研究提供了新视角，为后续相关研究奠定了理论基础。

2. 实践意义

通过对初中信息技术课程的特征、教学现状及翻转课堂教学模式的研究，将STEM教育理念融入翻转课堂教学模式中，重新构建了适合于初中信息技术课程的翻转课堂教学模式，并在具体课程中进行教学实践。通过对教学过程的观察与教学效果的分析发现，学生的自主学习能力、合作探究能力，以及信息素养水平有明显提高，同时为我校教师实施翻转课堂教学模式提供了实践指导和借鉴。

二、课题研究的范围

本研究将国内外对翻转课堂及STEM教育研究成果进行融合，构建基于STEM教育理念的翻转课堂教学模式，以此来推进翻转课堂教学模式的设计、开发和应用。研究的内容主要有以下三个方面：

（一）理论研究

总结和梳理翻转课堂和STEM教育相关的理论和实践研究成果，了解国内外相关研究的发展动态，分析国内外典型的翻转课堂教学模型。

（二）设计研究

根据国内外典型的翻转课堂教学模型，结合STEM教育的理念，构建基于STEM教育理念的翻转课堂教学模式。

（三）实证研究

根据构建的基于STEM教育理念的翻转课堂教学模式，对初中信息技术课程进行教学案例设计，验证教学模式的可行性，根据实验结果修改和完善翻转课堂教学模式。

三、课题研究的步骤、方法和时间进程

本课题研究共分为以下三个步骤：

（一）研究准备阶段（2020年8月—2020年12月）

（1）文献查阅，组织课题组成员认真学习翻转课堂和STEM教育的相关理论和著作，更新教育观念，以新的教育理念指导教学实践。

（2）开展课题研究前期的调查工作，以问卷调查、教师访谈、学生座谈、课堂观察等途径，了解翻转课堂教学的现状和存在的问题，并深入分析学科资源开发的现状，分析原因。

（3）开展课题组成员培训，包括外出学习、技术培训等。

（4）购置课题研究所需的软、硬件设备，为课题研究夯实基础。

（二）课题实施阶段（2021年1月—2023年1月）

（1）根据课题总方案进行具体研究。

（2）开展系列教学教研活动，推动课题组成员在课堂教学中改革及实践翻转课堂，上研究课，并在实践过程中不断加强理论学习，运用理论不断加以实践、反思、学习、探讨、改进、再实践，推动课题研究的顺利开展。

（3）学校在校园网上建立课题研究专栏，不定期上传STEM教育资源，组织课题组成员进行研讨，加强教研学习的力度，同时在专栏中增添学习资料，为课题组成员的研究提供理论和经验支持等。

（4）研究改变课堂教学评价方式，变"以教定学"为"以学定教"，初步制订出能指导翻转课堂教学的新的课堂教学评价方式。

（5）对学生的学习方式和学习成果进行对比研究、总结交流，从实践中论证基于STEM的翻转课堂教学模式的应用效果。

（6）有计划地组织各项课题交流活动，定期组织策略研讨与展示活动。

（7）对课题进行阶段性总结，收集阶段成果材料（论文、案例、视频、微课等）。

（三）测评、总结阶段（2023年2月—2023年6月）

（1）对全校翻转课堂教学设计情况进行总结，结合学校实际，总结出具有我校特色的基于STEM教育理念的初中信息技术翻转课堂教学设计模式。

（2）完善对课堂教学和学生学习方式的评价考核机制，形成与STEM教育相配套的评价系统，进一步深化完善我校课堂教学模式。

（3）全面收集和整理资料，对整个实验进行总结，撰写课题结题报告。这一阶段既是对课题研究成果的一个总结，又为后期教学研究工作指明了方向。

（4）汇总研究过程中形成的教学经验和课题研究成果（论文、教学设计、案例、著作等），形成《基于STEM教育理念的初中信息技术翻转课堂教学的应用研究》成果集，将课题的研究成果以文字的形式记录下来，并做好辐射推广工作。

（5）接受上级主管部门对课题的结题鉴定。

四、课题研究的创新点

本研究的创新在于将STEM教育的含义延伸，使其不再仅限于对知识点的讲授、问答、演示、练习、反馈等教学环节，而是覆盖学生学习的全过程。它包含着科学、数学、工程和技术教育集成等必要的课程要素，并以整合课堂教学为基础，从而实现STEM教育与翻转课堂的有效融合。

五、课题研究的条件要求

（一）硬件过关

近几年，学校自筹资金，加大投入，使学校信息化建设初具规模，目前拥有2间学生机房，120台学生机，1座自动录播室等，现代化功能室一应俱全，设备齐全；每间教室都配备了触摸多媒体一体机，实现了班班通；建成了200 MB光纤有线和无线校园网络，实现校园网络全覆盖，网络连接顺畅。

（二）基础扎实

我校已经开展多届"微课"大赛，与翻转课堂相配套的学习任务单的设计，我们一直在向实验学校进行学习。同时，在前期的学习中已经收集到了大量的有关STEM教育理论研究材料，形成了系列的研究资料储备。对"翻转课堂"和"STEM教育"在国内外研究情况和发展现状进行了初步了解，为本课题的研究提供了坚实的基础。

（三）政策倾斜

为保证课题组成员有进行本课题研究的时间，在其承担的教育教学任务方面给予合理分配，以减轻其过重的工作负担。同时，课题组教师能优先参与各级各类培训。

（四）经费保障

学校设有课题研究专项资金，用于：①硬件添置、维护与软件开发；②教师培训；③购买资料及打印材料；④课题研究专项奖励资金。

六、课题研究前成果预期及其表现形式

本课题在对相关文献进行研究的基础上，将STEM教育理念融合于翻转课堂教学模式中，构建出基于STEM教育理念的翻转课堂教学模式，将教学模式实际应用于初中信息技术课程中，设计具体的课程实施步骤，使理论与实践有机结合，并对教学过程进行实时的跟踪与记录，总结分析该模式的教学效果及存在的问题，为翻转课堂教学模式的发展提供借鉴。

表现形式：翻转课堂论文、STEM教育资源库、翻转课堂典型案例汇编、STEM教育典型案例汇编、调查问卷数据分析、翻转课堂及STEM教育研究成果的融合案例汇编、结题报告。

七、研究成员的分工、指导力量的配备表现

姓名	职称	职务	主要工作
梁桓源	中学信息技术高级教师	信息技术教师	负责方案的制订、实施及过程管理，具体负责课题组成员任务的分配、各阶段计划的制订、课题阶段性小结、结题报告撰写等工作

姓名	职称	职务	主要工作
袁韶娟	中学一级教师	高中教师	负责视频的编辑及技术指导、翻转课堂教学模式研究等工作
张桢梅	中学信息技术一级教师	信息技术教师	主编教育论文集、教育案例及成果验证，负责翻转课堂教学模式研究等工作
谭富盛	中学信息技术一级教师	信息技术教师	承担专题研讨工作，进行具体的实验研究、课题资料的归档、成果验证准备
何秀琴	中学信息技术一级教师	信息技术教师	承担专题研讨工作，进行具体的实验研究，收集整理研究中的相关资料

"双减"背景下初中信息科技分层教学的研究

一、课题的提出

（一）研究背景

随着素质教育的实施，培养全面发展的合格人才的呼声越来越高。在普及义务教育的新形势下，学生的知识基础、思想水平等参差不齐，尤其是生源类型为混合型的普通学校，学生两极分化严重，并且学困生占了相当大的比重。如何培养好教育好学生，使他们成为社会的有用之材呢？素质教育指出：素质教育不要求人人升学，但要保证人人成才，成为社会各级各类人才。所以，我们要摒弃过去那种"应试教育"的教学思想，不应只把考试成绩作为衡量一个学校教学水平高低的标准，而应以提高全体学生的综合素质为教学目标和方向。如何才能提高全体学生的综合素质呢？美国心理学家布卢姆认为，只要提供足够的时间与适当的帮助，绝大部分的学生能够成功掌握学科内容。这一理论在如今实施的素质教育中值得我们借鉴，以达到面向全体、全面提高教学质量的目的。

（二）研究意义

在实施小学升初中就近入学办法后，学生之间差异悬殊已成为实际存在的现实问题，尤其在信息科技学习中，两极分化的现象极为突出，要改变这种状况，因材施教显得极为必要。新课标新课程理念提倡以人为本，以多元智能结构理论指导课改。信息科技的主要任务是使不同的学生有不同的发展，"不同的学生"是指在不同的智能领域或非智能领域中蕴藏有发展潜能的学生；"不同的发展"是指学校在管理与教学中创造学生发展的"最近发展区"，让学生在各种领域中得到大小不同的发展。我们教师应正视学生的差异，在教学中采用分层教学的教改实验，对学生进行分层要求、分层指导、分层提高，使全体学生的潜能都得到最大程度的发展和提高。

分层教学是指教师根据学生的心理特点、学习水平和能力的不同，开展不同层面的教学活动，并针对不同发展层次学生的需要给予相应的学习法指导，以达到全体学生全面发展的教学目标。从而解决能力强的学生"吃不饱"，能力欠佳的学生"吃不了"的问题，让"优势生"乘势而上，"弱势生"摆脱困境，"中等生"迎头赶上。

二、研究的策略

（一）理论依据

1. 因材施教理论

墨子提出育人要"深其深、浅其浅，益其益、尊其尊"，孔子则主张"因材施教，因人而异"。美国著名心理学家、教育家布卢姆认为每个学生都是独特的，因此需要不同的教学方法和材料来满足他们的个体需求。因材施教是一项主要的教学原则，它要求在共同的培养目标下，根据能力、特长、性格、原有基础等具体情况的不同，提出不同的要求，给予不同的教育。分层教学就是为实现这个目标而产生的，是优化单一班级授课制的有效途径。

2. 最近发展区理论

苏联教育家维果茨基认为：每一个学生都存在着两种发展水平，一是现有水平，二是潜在水平。它们之间的区域就称为"最近发展区"。在教学上只有从这两种水平的个体差异出发，把最近发展区转化为现有发展区，并不断创造出更高水平的最近发展区，这样才能促进学生的发展。分层教学就是根据学生学习的可能性把全班学生分为三个层次，并针对不同层次学生的特点开展教学活动，使教学目标、教学内容、教学进度、教学方法更符合学生的知识水平和认知能力，符合学生学习的可能性，从而确保教学与各层学生的最近发展区相适应，并不断地把最近发展区转化为现有发展区，使学生的认知水平不断向前推进。

（二）实验假设

（1）在义务教育阶段中探究及实验信息科技分层教学在班级授课制条件下

适应学生发展的差异性，在一定程度上提高信息科技课堂教学策略、方法，如教学目标、教学内容、教学方法、教学评价等，从而有效缓解班级授课制的固有缺陷。

（2）通过实验探究、实施，增强教师的现代化教育观念，提高教师实施分层教学的能力，从多方面开展分层教学活动，缩短学生的差距，在新课标新课程改革的理念下寻找更有效的素质教育途径。

（三）实验研究方法

（1）通过调查问卷法了解学生学习信息科技的状况以及家庭配置计算机的情况。

（2）在分层教学的实验中，采用观察法、行动研究法对学生学习情况进行研究。

（3）采用个案跟踪法及行动研究法对分层教学策略进行探究。

三、课题实施

（一）实验步骤

1. 准备阶段（2022年7月—2022年9月）

（1）成立课题研究小组，制订课题研究方案和实施方案，完成课题申报及立项工作。

（2）调查本地区小学阶段的学校对信息科技的教学程度、授课情况等；调查学生家庭配置计算机的情况，以及学生使用计算机的状况。

（3）分析当前学生对计算机知识的了解、熟悉程度，对分析结果进行归纳总结，以调查报告的形式汇报。

2. 探究实施阶段（2022年10月—2023年6月）

（1）通过准备阶段的工作，对学生进行适当分层并寻找适合各层次学生的课堂教学方法。

（2）根据实验班学生水平及教学设备的实际情况，确定实施分层教学的线路，通过初步调查资料及测试学生的实际情况得到结果，按照基础水平上的差距对学生进行分层教学。

（3）撰写有关分层教学实验的论文。

3. 修正阶段（2023年7月—2023年10月）

（1）完成课题研究的阶段性总结，撰写阶段性工作报告和研究报告，对上一阶段实施的情况进行反思、归纳、总结，检查在实验分层教学过程中是否有出现方向性偏差或教学上失误，从而不断纠正、完善，提高教学质量。

（2）完成课题研究成果和资料的收集、整理、编辑工作。

4. 成果推广阶段

（1）把前阶段的探究实验加以归纳、总结，分析分层教学法在教学中所发挥的作用及其收到的效果的显著程度，使之与传统的旧式教学相比较，突出其最佳教学效果，以论文形式发布成果。

（2）把分层教学由实验班向其他班进行全面推广。

（3）完善分层评价体系。

5. 终期总结阶段

写出终期工作报告和研究报告，进行课题结题验收。

（二）实验实施过程

1. 对学生进行分层

根据学生的学习可能性水平，对学生的"智力因素、非智力因素、原有知识与能力差异"进行分析，把学习成绩好、学习兴趣浓，学习主动、接受快或勤奋的学生归为A层；将接受能力一般、学习成绩中等或学习情绪不够稳定的学生归为B层；最后把学习困难大、消极厌学或顽皮不学的学生归为C层。在教学的过程中采用隐性分层法，这种方法是指教师根据教学的需要，通过了解、研究学生的学习能力和基础进行分层，通常只有教师本人才知道学生的分层结果。用这种方法可以避免负面影响，有利于更好地保护A、B、C三个层次学生的自尊心，从而调动所有学生的学习积极性。

在本学年的教学中，我们对三个层次学生的课堂表现作了10课时的记录，其目的主要是了解他们的学习态度和学习习惯是否对他们的学习效果造成一定程度的影响。通过这项数据的比较、分析，我们可以从中了解到他们各方面的差异及影响学习效果的因素，由此可以帮助各层次的学生获得良好的学习效果。

（单位：次数）

	旷课	迟到	上课不专心听讲	上机操作课不听从老师的指挥，自把自为	上机操作课偷玩游戏，无心学习
A层学生	0	0	0	2	0
B层学生	0	1	2	2	1
C层学生	2	3	7	5	3

通过各项数据调查得到结论：A层次的学生，无论是学习习惯，还是学习方式都是良好的，而且自控能力也比较好。C层次的学生，上课常常是拖拖拉拉，懒懒散散，学习知一不知二，或是丢三落四，通常是自把自为，上课缺乏耐心，做事操之过急，甚至有厌学的现象。B层次的学生则介于这两个层次之间，有学习认真努力但缺乏方法的，有过于逞强却又冒不出来的，他们对学习的兴趣还是比较浓厚的。

2. 教学目标分层

教学目标分层是指确定适应各层次学生学习的教学目标，包括认识目标、智能目标等。根据学生的认知能力、情感水平和行为操作上的差异，将教学大纲中最基本的教学要求确定为基础目标，适用于C层的学生，要求他们基本掌握教材中最基础的知识，基本能完成课堂教学的学习任务。将教学大纲中所有教学要求确定为层次目标，适用于A和B层的学生。对于B层的学生，要求他们能够掌握教材的基础知识和基本技能，有一定的独立思考能力，具有一定的分析问题和解决问题的能力，争取向上一层次发展；对于A层的学生，则要求他们要进一步开阔视野，发展思维，揭示本质，提高能力，创造性地完成学习任务。

目标分层既要与基本要求一致，又要鼓励个体发展，不但具有普适性，而且具有选择性，对A层的学生还要求具有挑战性。

【课堂教学案例一】初中《信息技术》七年级上册第一单元第三节"文件和文件夹的组织和管理"。

教学目标：

A层：理解新建文件夹和文件的方法，掌握文件的保存方式，理解文件夹和文件的不同作用，学会灵活运用不同的方法对文件及文件夹实现复制、移动、删除等操作，同时理解"路径"的作用。此外，在练习实践中，注意培养学生自主学习、协作学习、勇于探索的精神，引导学生积极探索文件管理的多种操作方法与技巧。

B层：学会新建文件夹和文件的方法及把文件保存到指定文件夹的方法，掌握用不同的方法实现文件及文件夹的复制、移动、删除等操作，了解"路径的作用"。在实践中注意培养学生协作学习、自主学习的精神。

C层：理解新建文件夹和文件的方法及保存方法，学会文件及文件夹的复制、移动、删除操作。在实践中注意培养学生协作学习、自主学习的精神。

【课堂教学案例二】初中《信息技术》八年级上册第二单元第四节"创建动画幻灯片"。

教学目标：

A层：熟练掌握创建动画幻灯片和各种修饰文稿的技术，能根据不同场合的需求设置相应的动画幻灯片，制作出具有鲜明主题、个性化的演示文稿。

B层：掌握创建动画幻灯片的方法和操作步骤，通过设置动画类型、动画次序、动画对象属性生成生动形象的演示文稿。

C层：会创建动画幻灯片，并运用到每张幻灯片中去。

3. 进行施教分层

施教分层是分层教学中为最重要的一个环节，即在课堂的教学中针对不同层次学生的具体情况开展有区别的合作教学活动，使全体学生各得其所，达到最终想要的效果。

通过前面的探究实践，我们已初步形成一些施教方法，分别是：让A层学生主动走；带B层学生小步走；对C层学生拉着走。譬如，在新授课中，一个新知识点的引进，对A层学生来说，他们通常理解能力较强，能在较短时间内掌握，并能做到举一反三；而B层学生要积极争取追赶A层的学生；C层学生则需要重复学习基本的内容。由此，我们采用"增补法"，也就是提出问题，让A、B层学生的能力有机会得到提高，使他们"吃得饱、吃得香"，同时C层的学生也受益匪浅。在复习课中，我们利用A层学生的复述、操作演示等行为来带动B、C层次的学生进行复习，这样使各层次的学生自然产生出比、学、赶、超的动力，从而大大地开发学生中的资源和各层学生的潜能，有力地提高分层递进教学的效果。

4. 上机操作分层

对于信息科技课来说，让学生上机操作是他们学习过程中最重要的环节，如果教师能够巧妙地设计操作练习，那么就可以从中激发学生"乐学"的情感。所以在教学过程中，应尽可能地减少对理论知识的长篇讲解，尽量把时间放在学生的实践操作中，在课堂上采取边讲边演边让学生跟着操作的方式，一般把授课的时间压缩在25分钟左右，余下的时间主要用来指导学生进行操作或让学生做演示等。在上机操作中仍然把三个层次的学习目标与A、B、C层次的学生相匹配。

【课堂教学案例三】

如在教授第二单元第1节"启动PowerPoint"知识点时，可让不同层次的学生分别进行启动PowerPoint的操作演示。

C层学生操作：利用"开始"菜单启动PowerPoint系统。

单击"开始"菜单，选择"程序"选项，在打开的"程序"子菜单中选择"Microsoft PowerPoint"项，进入PowerPoint。

B层学生操作：从Office组件安装的位置找到PowerPoint的启动程序，启动PowerPoint。

双击"我的电脑"图标，打开装有Office组件的C盘（约定Office组件安装在C盘）→在C盘打开"Program Files"文件夹，双击"Microsoft Office"子文件夹→打开"Office"文件夹后，双击"PowerPoint"图标→启动PowerPoint系统。

A层学生操作：创建桌面快捷方式，如果需要经常使用PowerPoint系统可以在桌面设置一个快捷程序。

单击"开始"菜单，选择"程序"选项，在打开的"程序"子菜单中单击"Microsoft PowerPoint"图标，然后按住Ctrl键并拖拽鼠标把图标放到桌面适当的位置上再释放鼠标，此时在桌面上就设置了一个"PowerPoint"的快捷程序，以后在使用时只需双击桌面上该图标即可以启动PowerPoint系统。

在操作训练的过程中，我们不断给予各个不同层次学生表扬和鼓励，增强他们学习的动力。采用此种教学方法，既能树立起学生学习的信心、培养学习的兴趣，又增强了课堂的学习气氛。

5. 进行课后作业分层

为了培养学生综合运用知识的能力，我们在每学完一课或一个单元后，都给学生发放一定的书面作业与上机操作练习题。在发放之前，首先是认真审题，根据题目的难易程度，分成高、中、低三个档次。低档题为知识的直接应用和基础操作题；中档题为举一反三题；高档题为综合题或探索性题目。A层学生做中、高档题，B层学生必做中、低档题，并且鼓励其做高档题，而C层学生是低档题必做，尽可能去做部分中档题。通过这样的练习要求，既可减轻学生的负担，也可以有效地杜绝学生间的抄作业现象，使得B、C层次的学生写作业遇到困难时，慢慢习惯查找书本，请教同学、老师、家长等，做到真正弄懂学会。而A层的学生也可以大大地提高对知识的综合运用能力、探索性学习能力以及学习效率。

四、课题研究成果

本课题研究至今，从研究的效果来看，课题研究提高了教师的教学水平和教研能力，教师在课堂教学活动中的民主意识得到了增强，学生的主体作用得到了充分的体现，培养了学生独立自信、合作互助等良好的品质，从整体上提高了学生的素质。

（一）激发了学生的学习兴趣，提高了课堂效率

分层教学能充分关注学生的个体差异，设定恰当的教学目标，选择适当的教学内容及教学方式。通过分层教学，学生的学习兴趣得到明显提高。A层的学生觉得知识更有趣了，知识面得到了拓宽；B层的学生更喜欢动脑筋；C层的学生觉得信息科技不再是那么难学了。课堂的学习氛围更为积极、浓厚。各层次的学生，尤其是基础较差的学生学习积极性明显提高，学习的热情大为高涨。不仅如此，一些性格内向羞于回答问题的学生，在教师的鼓励下在课堂上表现逐渐活跃。学生的学习能力明显提高，具体表现为：上课能积极开动脑筋，敢于提问，敢于发表自己的独特见解，操作能力也得到提高。

分层教学使课堂效率得到明显提高，教师事先针对各层学生设计了不同的教学目标与练习，使得处于不同层次的学生都能各有所得，获得成功的喜

悦，操作训练始终使教师和学生紧密结合，学生的班级凝聚力增强。这极大地优化了课堂教学中教师与学生的关系，从而提高师生合作、交流的效率。其次，教师在备课时事先估计了在各层学生学习中可能出现的问题，并做了充分的准备，使得实际施教有的放矢、目标明确、针对性强，极大地优化了信息科技教学过程。分层教学法的实施，避免了部分学生在课堂上完成作业后无所事事的状况。同时，所有学生都能学有所成，心理品质得以逐渐优化，而这又进一步促进学生更为积极地探索软、硬件知识，自主地结合理论进行操作，掌握知识，发现规律。他们的观察、分析和解决问题的能力得以增强，信息素养得以提高。而且，学生之间的合作变得活跃和突出，这有利于强化学生的参与意识，培养学生的合作精神、团队精神，增强学生的集体观念。总之，通过分层教学法，有利于提高课堂教学的质量、课堂效率以及学生的考试成绩。通过一年多的学习，实验班学生的成绩明显超过了普通班。

班级	考试方式	平均分	合格率	优秀率
实验1班	机试	76.5	83.4%	38.9%
	笔试	61.2	52.3%	10.9%
	作品考试	70.7	87.6%	22.1%
实验2班	机试	73.9	82.8%	37.7%
	笔试	60.6	51.8%	10.5%
	作品考试	68.4	86.6%	21.7%
普通班	机试	62.6	65.6%	23.7%
	笔试	56.1	43.2%	6.1%
	作品考试	60.5	75.3%	14.5%

学生的信息科技作品水平也得到明显的提高，不但统考成绩优良，而且2022年我校实验班的同学参加省、市各类大赛都取得了较好的成绩，同时课题组成员所指导的学生参加省、市各类竞赛也取得了较好的成绩。

序号	学生姓名	赛项名称	颁奖单位及（省/市）等级	获奖时间	指导教师
1	陈宇欢	全国中小学信息技术与创新实践大赛Coding创意编程	全国中小学信息技术与创新实践大赛组织委员会、复赛二等奖	2023.6	梁桓源
2	龚子轩	全国中小学信息技术与创新实践大赛Coding创意编程	全国中小学信息技术与创新实践大赛组织委员会、复赛二等奖	2023.6	梁桓源
3	黄海宁	全国中小学信息技术与创新实践大赛Coding创意编程	全国中小学信息技术与创新实践大赛组织委员会、复赛一等奖	2023.6	梁桓源
4	梁洋瑜	第六届全国青少年人工智能创新挑战赛选拔赛	中国少年儿童发展服务中心、复赛二等奖	2023.7	梁桓源
5	朱芯蕊	第四届腾讯青少年人工智能追梦营活动	韶关市教育局、腾讯青少年人工智能追梦营组委会，韶关市一等奖	2023.4	梁桓源
6	骆韵涵	第四届腾讯青少年人工智能追梦营活动	韶关市教育局、腾讯青少年人工智能追梦营组委会，韶关市一等奖	2023.4	梁桓源
7	何荣凯	第四届腾讯青少年人工智能追梦营活动	韶关市教育局、腾讯青少年人工智能追梦营组委会，韶关市一等奖	2023.4	梁桓源
8	陈宇欢	2023年大湾区青少年信息学创新大赛	广东省计算机学会、大湾区青少年信息学创新大赛组织委员会，韶关赛区三等奖	2023.6	梁桓源
9	黄海宁	全国中小学信息技术与创新实践大赛Coding创意编程	中国人工智能学会、国家三等奖	2023.7	梁桓源
10	张景鸣	2023年大湾区青少年信息学创新大赛	广东省计算机学会、大湾区青少年信息学创新大赛组织委员会，韶关赛区一等奖	2023.6	梁桓源

序号	学生姓名	赛项名称	颁奖单位及（省/市）等级	获奖时间	指导教师
11	李心媛	2022年韶关市科技劳动教育暨学生信息素养提升实践——Kitten专项	韶关市教育局、市二等奖	2023.6	梁桓源
12	虞崴越	2022年韶关市科技劳动教育暨学生信息素养提升实践——Kitten专项	韶关市教育局、市三等奖	2023.6	梁桓源
13	江树鸿	2022年韶关市科技劳动教育暨学生信息素养提升实践——Kitten专项	韶关市教育局、市三等奖	2023.6	梁桓源
14	庄林镈	第四届腾讯青少年人工智能追梦营活动	韶关市教育局、腾讯青少年人工智能追梦营组委会，市二等奖	2023.4	梁桓源
15	张嘉麟	第四届腾讯青少年人工智能追梦营活动	韶关市教育局、腾讯青少年人工智能追梦营组委会，市三等奖	2023.4	梁桓源
16	李铭基	第四届腾讯青少年人工智能追梦营活动	韶关市教育局、腾讯青少年人工智能追梦营组委会，市三等奖	2023.4	梁桓源
17	黄学谦	第四届腾讯青少年人工智能追梦营活动	韶关市教育局、腾讯青少年人工智能追梦营组委会，市三等奖	2023.4	梁桓源
18	张艺峰	第四届腾讯青少年人工智能追梦营活动	韶关市教育局、腾讯青少年人工智能追梦营组委会，市三等奖	2023.4	梁桓源
19	关芯艺	第四届腾讯青少年人工智能追梦营活动	韶关市教育局、腾讯青少年人工智能追梦营组委会，市三等奖	2023.4	梁桓源
20	李家毅张家斐	2022韶关市中小学科技劳动教育——机器人实践活动	韶关市教育局、市二等奖	2023.6	侯淑婷

序号	学生姓名	赛项名称	颁奖单位及 （省/市）等级	获奖时间	指导教师
21	刘昊源 廖梓越	2022韶关市中小学科技劳动教育——机器人实践活动	韶关市教育局、市二等奖	2023.6	侯淑婷
22	杨超文 黄 琨	2022韶关市中小学科技劳动教育——机器人实践活动	韶关市教育局、市二等奖	2023.6	侯淑婷
23	吴华瑞 叶昌胜	2022韶关市中小学科技劳动教育——机器人实践活动	韶关市教育局、市二等奖	2023.6	侯淑婷
24	许广城 朱家均	2022韶关市中小学科技劳动教育——机器人实践活动	韶关市教育局、市三等奖	2023.6	侯淑婷

（二）信息科技教师能力得到提升

在备课时，教师经常要针对各层学生设计不同的教学目标、练习和教案，这有效提高了教师的教学设计能力。在课堂上，要有效地组织好各层学生的学习，及时有效地处理各种突发事件，极大地锻炼了教师的组织调控与随机应变能力。学生所提的问题各不相同，这些问题不仅仅涉及计算机基本操作、文字处理、多媒体制作、网页制作、网上信息搜索等技术方面，而且涉及程序的开发、审美艺术等诸多领域，所有这些都对教师提出了新的要求，迫使教师不得不认真去思考、学习和探索。分层教学在提高全体学生信息素养的同时，也在一定程度上促使教师更加主动地去学习和掌握新的技术知识，并进行其他相关学科的研究，自觉跨越本学科与其他学科之间的界限，主动实施信息技术与其他学科的融合教学。所有这些，都有利于教师能力的全面提升。课题组教师一年来都取得了不错的成绩。

序号	获奖项目	颁奖单位	获奖时间	获奖者
1	课题"核心素养视野下中学人工智能融合性学习的课程创新设计研究"	广东教育学会	2022.12	梁桓源

续 表

序号	获奖项目	颁奖单位	获奖时间	获奖者
2	论文《科技劳动教育暨韶关市中小学信息素养提升实践交流活动——编程作品辅导的教学探究》	韶关市教育局	2023.6	梁桓源
3	论文《数据驱动下人工智能融合Python编程的有效教学》	韶关市教育科学研究院	2022.12	梁桓源
4	著作《云计算与计算机教学研究》	重庆出版社	2022.12	梁桓源
5	讲座"核心素养时代中小学信息科技教师如何观课议课"	韶关学院教师教育学院	2022.12	梁桓源
6	全国中小学信息技术创新与实践大赛指导教师资格	全国中小学信息技术创新与实践大赛专家委员会	2023.2	梁桓源
7	课例"千变万化的多边形——当循环结构的应用"	广东省教师继续教育学会	2022.12	梁桓源
8	讲座"STEM科创创客教育项目学习特色创建"	广东教育学会学习科学专业委员会	2022.11	梁桓源
9	邀请函《广东省中小学幼儿园<创新素养教育课程教材>构建与实施》	广东教育学会学习科学专业委员会	2023.7	梁桓源
10	邀请函《广东省中小学幼儿园<创新素养教育课程教材>构建与实施》创新性战略研讨	广东教育学会学习科学专业委员会	2023.10	梁桓源
11	电子信息人才能力提升工程专家库专家	中国电子学会	2023.4	梁桓源
12	2022韶关市中小学科技劳动教育——机器人实践活动	韶关市教育局	2023.6	侯淑婷
13	2022韶关市中小学科技劳动教育——机器人实践活动	韶关市教育局	2023.6	侯淑婷
14	论文《浅谈高阶思维取向的高中信息技术项目式教学——以浙教版必修一<数据与计算>为例》	韶关市教育科学研究	2022.12	侯淑婷

续　表

序号	获奖项目	颁奖单位	获奖时间	获奖者
15	2022年韶关市科技劳动教育暨学生信息素养提升实践——数字创作与计算思维交流活动	韶关市教育局	2023.6	何秀琴
16	论文《基于计算思维培养的Python作品创作教学的探究》——教师科研论文专项	韶关市教育局	2023.6	何秀琴

五、思考

（1）初三的升学考试不考信息科技，这大大挫伤了师生的积极性，使我们的研究难以推广、落实。因此我们更注重对学生的平时学习过程的积累，及时展示学生的学习成果。

（2）教师的底气不足，如果只靠教师的自我学习和日常积累进行课题研究，效率低、收获少，这还需要专业的引领。另外，大班教学，一个教师面对五百个学生，在有限的时间、精力里，对每个学生进行详细评价，在方法、组织管理上还有待提高。

（3）发展不平衡。我们课题是以课题组成员学校为单位的，但我校取得较好效果，而有些学校效果一般。

（4）大多数学校还是应试教学，而我们却不断进行创新、改革，我们能走多远呢?

参考文献

［1］顾金芳.基于分层的初中信息技术教学探究［J］.科学咨询，2020（36）：239.

［2］庄佳艳.基于双减背景下的初中信息技术课堂教学［J］.文渊（中学版），2021（7）：669-670.

［3］孙树森.基于任务驱动的分层分组教学法在初中信息技术课中的应用［J］.科学大众（科学教育），2014（2）：44，132.

第二章

在思考中成长

韶关市中小学科技劳动教育暨
信息素养提升实践交流活动

——编程作品辅导的教学探索

作为韶关市中小学科技劳动教育暨学生信息素养提升实践交流活动竞赛项目之一,编程竞赛在培养学生创新能力和综合素质方面具有显著成效,是一项具有挑战性的智力活动。教师在比赛活动中起着关键的作用,教师的态度、方法、精神和人格气质至关重要。只有每位教师真正定位好自己的位置,编程比赛才会显示出自己的价值魅力,学生的比赛水平和综合素质才会实现新的跨越。

一、创意编程是一种综合能力的比赛

(一)比赛要紧扣主题创作

不管参加什么比赛,一定要围绕主题进行创作。可以从历史事件、我市取得的成就等方面进行选材。

(二)脚本一定要运行流畅

脚本必须流畅地运行,不能有明显的bug。编程比赛不是代码越复杂越好,重要的一点是要运行流畅,脚本与编程的框架能够有效衔接。创意编程的技术层面不是很高,基本的只是动作脚本,然后对外观进行变化与复制,加入声音、特效等。

(三)运用的素材资源丰富

作品制作精美,能够显示出强大的素材收集能力、对影像素材的整合能力及对自行拍摄的照片的后期加工能力。素材收集之后，需要按照自己想法进行组合，这也是能力的一种体现。

（四）运用的技术难度反而不是很多

编程比赛比的主要是创意，有时运用简单的技巧也可以做出优秀的作品。

二、精英化与大众化的辩证结合是本次大赛的辅导指导原则

编程竞赛是一项有利于培养和发展学生高尚人格、科学精神、科学思维、竞争意识、团队合作能力、基础计算机知识的高层次普及活动，是培养学生综合素质发展的重要途径。在比赛辅导中，需要积极地引导学生，学生自然发展，自然淘汰，从而使精英化与大众化辩证结合，进而更好地服务于学生。这就需要学生从个体的兴趣出发来参与比赛辅导活动，而不是外在压力强迫去参加活动。在比赛辅导中，有些学生跟不上进度，或者掉队了，这是很正常的事，是自然发展的过程，更是自然淘汰的必然结果。如有的同学凭借兴趣找到了自己的潜能，能钻研得更深；有的学生由于学习态度、习惯或方法等方面存在问题而跟不上进度，学不进去，但通过参加活动，找出自己的弱点，各方面都有了明显的提高，学生的素质也有了一定的发展。如此，学生发展自己的潜质，各入其行，选择自己兴趣所在。最终通过编程大赛的辅导活动，为学生的长远发展打下坚实的基础，提高学生的综合素质，促进学生自主学习。

三、竞赛辅导的立足点是以学生为本，培养学生的思维方法和自我学习能力

（一）以学生为本的自主探究合作学习的辅导模式

竞赛辅导的内容要站在学生的角度，考虑其适宜性。按照学生学习认知的规律去设计问题，引导学生逐步地提高，而不是采取填鸭式的方法。比如，不考虑学生个体的接受能力，而按照书本上的条条框框按部就班地对学生进行辅导，辅之以无边无际的专题训练，只会事与愿违，让学生产生厌烦心理，最终很难完成辅导活动。在实际的课堂教学辅导中，给学生更多的时间练习，让其有充分的时间先思考一道题目，然后让学生表达自己的想法，思路清晰后，才让学生动手编程。之后，教师拿出自编或学生自编的程序，对照讲解，共同研

讨，共同修改，共同完善，共同提高，使学生兴趣得到激发，思维得到启迪和发展。这种以学生为主体的课堂教学要费时些，一节课下来只能解决两三道练习题，有时甚至一题也完成不了。这正是竞赛辅导所需要的，注重对一个问题不断深入地探索，最终得出一个最优化的解决方案，在这个过程中培养学生的综合能力。这样的模式不仅为学生们减轻了不必要的代码结构负担，更重要的是可以让学生们养成良好的思维质量和效率意识。通过这样的教学辅导，学生分析问题、解决问题的能力得到了提高，学生由于有了充分的参与感，所以也更加有学习的积极性，对学好编程也更有信心。

（二）研究型实践探索模式

这类模式主要应用在教学内容上，如关于现实生活或数学的创意编程大赛等，可以解决一些现实生活中的实际问题。在实施过程中，可将学期教学目标分散成一个个具体能落实的任务，采用"任务驱动"法，以结果评价为主要评价手段，强调学生只要达到教师提出的目标，即为完成学习任务，并给予有创新思想或圆满完成任务的学生鼓励。这种以培养学生实际动手能力和信息素养为重点的教学模式，要求教师在设计任务时要突出重点，把握好难度和梯度，这样设计出来的任务才能与学生的学习兴趣相吻合。

（三）教让学动——让学生自学体会到成功的乐趣

改变"教师讲多少，学生学多少"的传统模式，着力培养学生主动获取知识、获取信息的能力，这样才能使学生更好地获取知识。如对题目要求稍做改动后，从三个变量中找出最小的一个数给学生讲解，以求最大的一个数，学生很快就可以改写题目。给学生一周的时间，在这一周的时间里，允许同班同学进行讨论，这样既调动了学生的积极性，又强调了协作精神，同时让不同的班级之间进行竞赛，看看哪个班级第一个做出来了，哪个班级的程序简单明了。最后得出了几个答案不同但都正确的程序，经过大家的讨论比较，评价这几个程序的优劣，并选出一个最简单的、最容易实现的程序（程序语句较少）。这样的教学对比授课方式，获得的效果是单纯授课的好几倍。学生们也都兴趣高涨，个个都有机会上台表演，有机会上台讲解，有机会台下提问。传统课堂要求学生规规矩矩坐着学习，稍有走动即视为违纪，但我认为，"活动课堂"恰恰是信息化教学所需要的。我经常让同学们上机自己调试项目，这样会让学生们更有成就感。在学生编写可操作的小程序时，我不失时机地让学生上机调试，集中演示，运行成功的项目有不同的项目内容，可以让学生自己结合比较法进行讲解。刚开始的时候学生还比较拘谨，不太愿意上台展示自己，但我鼓励他们，对他们进行提示，让他们在其他同学面前完整地展示自己的所思所想，然后让别的同学理解之后再去思考并提出问题。我常挂在嘴边的一句话是："看讲台上谁被问得下不来，谁出的题更有层次。"谁能从讲台上顺利走下来，就说明他对这个问题已经"吃透"了。有些学生虽然程序不对，但为了让同学帮他找到程序存在的问题，愿意拿到讲台上展示一下，从而达到师生互动、人机互动、生生互动的目的。

四、积极探索形式多样、轻负高效的课堂教学模式

辅导教师应积极探索形式多样、轻负高效的课堂教学模式，针对创意编程大赛的特点，让学生在轻松自主、快乐学习的氛围中茁壮成长。现就创意编程大赛辅导中常见的几种教学模式，结合自身的辅导经验做如下介绍：

（一）自学性单元教学模式

正如上文所述，以单元自学的方式进行创意编程大赛，有利于挖掘学生潜能，促进学生各方面能力的培养和养成，对自学能力的培养至关重要。大体可以分为这样几个阶段：①教师提出自学目标。对学生应完成的自学作业和思考题，教师根据教学计划，结合学生实际，提出合理的单元目标，并给出建议的教材和参考材料。②学生按要求进行自学。学生利用课余时间进行自学，教师对每个学生的自学情况做到随时了解，随时指导，并鼓励学生之间相互切磋，以结对子的方式进行研讨。③教师提供学习反馈。在学生自学期间，教师将所了解的情况，及时反馈给全体学生，表现为对学生取得的一些阶段性的收获，对发现的一些带有广泛性的问题，采取定期与不定期相结合的方式，有针对性地指出问题，并有针对性地开展答题活动。教师进行单元总结，以查漏补缺、提出下一阶段学习目标。学生自学活动基本结束后，教师对学生的学习情况进行总结。④学生不断强化应用。学生在教师的指导下讨论和练习如何用所学知识解决实际问题，有利于学生形成知识体系，强化所学知识。

（二）参与型课堂教学模式

充分突出学生的主体地位，尤其是在创意编程竞赛辅导中。参与式的课堂教学模式，充分调动学生在教学中的积极性，使学生在教学活动中有时间、有机会做主人。这种模式主要有以下几种形式的教学活动：

1. 学生主讲

确定一个主题，然后具体到某一道题的解题思路，让学生上台进行演讲。

2. 师生对话

针对每个学生尚未解决的问题，打破常规，采用有问必答的方式进行解决。

3. 全员参与

教师提出自己的想法或需要解决的问题，与学生一样，作为讨论活动中的普通一员，让大家共同思考解决的办法。

针对以上思考，创意编程大赛辅导教师要学会与学生交朋友，少一些对学生的苛责，多一些微笑，在教学过程中营造一种平等、自由、互敬、互信的师生关系。指责少了，宽容多了；约束少一点，信任多一点。教师与学生之间的沟通应该是导答式的、启发式的、问询式的，而不是灌输式的、否定式的、强迫式的。如此宽松的环境，对学生创新品质的培养大有裨益。辅导教师通过不断的自我总结与反思，与学生一道，构建和谐、活跃、健康、自主的创意编程比赛的辅导课堂。

参与文献

［1］马建军，如何培养信息技术特长生［J］.中国信息技术教育，2003（14）；2.

［2］杨鹏，以人为本——信息学竞赛辅导方法的灵魂［J］.中学电脑报，2006（3）.

同课异构 聚焦课堂

——信息技术教学研究的思考

综观眼下的同课异构教研活动，虽红红火火，热闹非凡，但留心观察就会发现，许多教师只是着力于初始的异构实践，极力彰显个人教学风格和智慧，却常忽视再认识、再实践的后续环节，即使有也只是"浅尝辄止"。这样的同课异构活动，有点"半身不遂"的感觉，导致同课异构的精神内涵不能被真正挖掘出来，研训的功能也得不到全面的发挥。

因此，我们有必要再认识"同课异构"。

一、同课异构活动的目的与重点

同课异构是不同的教师面对相同的教学内容、相近的教学目标及学情相近的施教对象，立足各自的教学经验，遵循教学的科学规律，在团队的帮助下，合理利用广泛资源，并将构想优化后付诸实践，从而发现问题，解决问题，最终优化课堂教学。使之对课堂教学的认识、对教学规律的掌握经历了认识，实践，再认识，再实践的建构过程。

由此我们也就不难理解为什么要对"同课异构"进行研究。因为"同"是研究的基准，是共性，便于比较；"异"是变化，立足个性，利于创造。可见，同课异构活动仅仅只是一种手段，而并非研训目的，它的目的是使教师通过这种教研活动，提高教育教学的质量，同时获得自身专业的成长。那为什么会出现上述现象？笔者认为这主要是因为我们对同课异构活动中"认识，实践，再认识，再实践"这个过程的理解有所缺失。如下图所示：

认识，实践（异构）　　再认识，再实践（重构）

第一环节　　　　　　　　第二环节

在第一个环节中，基于要对同一教学内容进行"异构"，就需要以教师个体为主，相对封闭、独立地处理教材。这一过程，利是由于独立备课，没有过多的参照和循袭，教学设计和构思充满原创味和个性特征，能够较好地体现教师本人的教学思想和智慧；弊是无法进行同伴间互助和横向借鉴，抑制着团队资源共享，当然也就不能有效促进教师教学水平的大幅提升。

如何有效解读教材、合理制订教学目标、设计教学环节、采取何种有效的教学策略及方法，以及教师如何解决课堂中发现的问题，并最终优化自己的课堂，这些都是教师在第二环节中需要解决的问题。

二、同课异构第二个环节认识与操作

"你有一个苹果，我有一个苹果，交换后每人还是一个苹果；你有一种思想，我有一种思想，交换后每人就有两种思想"。这是同课异构的教研理念，而这种教研理念可以引发参与者的智慧碰撞，可以长善救失，取长补短。由此看来，同课异构不能简单地一"异"了之，而应该把研究重点放在对"异构"教学过程的反思和改进上，以及如何进行优化实践"重构"的第二个环节上。这样方能有效地消除同课异构的"弊"。

对于同课异构的第二个环节的落实与推进，笔者认为绝不能"浅尝辄止"或"不了了之"，因为第二个环节落实得扎实与否，直接影响到同课异构的效果。

所以，作为参与同课异构的教师一方面要加强自我反思，在反思中实现自我内化，自我优化，明确反思的目标，找准反思的切入点，落实反思的归宿。如异构中教学目标的制订是否贴切，是否体现核心素养；教学方式是否适当，是否有利于开启学生的心智；教学环节的设计是否合理，是否体现以学生为主体；教学预设是否妥当，应对生成是否恰当，是否有利于学生的思维发展；评价是否多样合理，是否利于学生自信心的培养；拓展是否有度，是否基于教材走出教材，是否有利于培养学生的想象和实践能力；示范是否准确到位，能否起到画龙点睛的作用；讲解是否生动有趣，是否起到举一反三的功效等等。

另一方面还应积极寻求同伴互助。在交流合作中，教师间可以互相探讨、互相切磋、取长补短，不断改进自己的教学理念和行为，真正达到改善和提高教育教学质量的目的。不同的教学策略，不同的教学风格，不同的智慧在集体团队的交流中发生碰撞，在碰撞中提升。可以说，在这一平台上不仅利于教研氛围的形成，解决好个人反思解决不了的问题，而且还可以有效地促进教师集体的专业发展。当然，名师和专家的引领更能使这一层面的教研提升效益。唯有这样，再认识才不会仅停留于自我反思的层面，而会跃迁到团队提升的高度，并积极转化为一种开放的学习、智慧的碰撞、经验的分享和理性的汲取，使同课异构这一平台成为教师专业成长的沃土。

从再实践的功能来看，笔者认为它应该涵盖优化实践和积累应用两个层面。所谓优化实践层面，是指教师在第一环节的基础上，通过反思改进，并合理利用广泛资源、集体智慧，优化教法，优化学法，最终解决问题，使自己的教育教学产生质的飞跃。比如在韶关市中小学信息技术观摩课上朱然老师打破常规的教学设计，用一条线将知识点串联起来，导入时由Photoshop的图层调整很自然很巧妙地过渡到Flash软件的学习，因为Flash软件中动画的制作离不开图层知识，这样一来既回顾了旧知识，又引出了新内容，同时体现了课程的整合思想。这一思想也是信息技术教研员一直认为乡镇学校的信息教师相比城区的信息教师所欠缺的一个方面，所以在今后的信息技术课堂设计上应努力贯彻课程整合的思想，下功夫于课堂教学设计，多向城区的信息教师学习。通过对"红梅傲雪"半成品的加工处理，既让学生学到了技能，也开阔了学生的视野，激发了学生的动画制作兴趣。在上课的过程中朱老师时常对学生进行激励，调动了学生的学习积极性。在让学生动手操作之前，任务要求给学生交代得很清楚。在让做得好的同学通过极域在自己微机上演示给其他同学看时，老师给予必要的指导，运用了极域的远程控制功能。在学生制作作品的过程中老师不断激励，不时表扬做出来的同学。还用比较幽默的语言，比如梅花开不了"浇浇水"问问同桌，来提醒学生互助合作以提高作品制作效率。还有用"聊聊天"的形式来给学生讲解一些关键词的概念，老师对概念的讲解非常清晰明白，语言非常精炼，尤其是对形状补间动画概念的解释非常到位，且通俗易懂。学生动画完成率也很高。

第二个层面则是应用性的。是指教师在历经了反思、再认识的实践过程后，将从中形成正确的经验，以及掌握解决课堂教学问题的策略，反哺于自己的教育教学。如怎样让自己的技能示范既规范又有创意，这是许多一线教师常遇到的困惑。其实这就是创造与规范之间形成的对立与统一的命题。实践研究得出，借助信息技术学科的特点，一方面通过优秀的案例赏析，引发学生去思考，催生创意；另一方面通过教师清晰准确、规范有序的技能演示，使学生通过模仿掌握这种技能的操作方法与步骤；再一方面通过示范来发散学生的思维，引发创意。由此，当我们再次遇到相似的教学问题时，就可以用这种教学方法或教学策略来思考、解决问题。

上述两个层面，在操作上，前者针对性强，宜一课一得；后者应注重积累，长期坚持，以厚积薄发，从而起到快速提升、专业成长的作用。

三、对同课异构中课堂重构的几点建议

课堂重构既是教师个体水平的展示，也是团队合作精神的体现，同时还是参加研训教师专业提升情况的反馈。那么，对于课堂重构我们不得不提出自己的思考：重构的课堂应是一个什么样的课堂？是一个刷新的课堂，还是一个复制的课堂；是一个彰显个人风格的课堂，还是一个千人一面的大众化课堂；是一个资源有机整合的课堂，还一个是资源混合的课堂；是一个学科特色鲜明的课堂，还是一个多学科混杂的课堂？基于上述思考，结合信息技术学科的特点，笔者认为课堂重构应努力从以下几个方面来完善。

（一）结合自身特点，上出风格

胡明老师，讲授的是"创建网站站点"。本节课充分展示了优秀的信息技术教师高超的课堂驾驭能力，节奏快慢有致，不慌不忙。授课中，不仅传授学生本课的知识，还指导学生学习信息技术的方法。渗透信息技术各软件之间的整合能力，开阔学生的视野、思路，不局限于单一软件的操作。胡老师不拘泥于课本内容，对于同一知识点，大胆引入课外内容，重难点突出。他教育学生学习软件的最终目的是实际应用，要会用所学知识解决实际问题，这种独特

的个性就是风格。正如法国作家布封的名言："风格即其人"。我们每个教师身上都蕴藏着属于自身的优势，有人雄辩严谨，有人幽默风趣，有人慷慨激昂，有人沉稳柔和……在重构时我们要能充分发挥自己所长，与教学设计完美结合，使自己的教学行为以一种艺术的、具有鲜明个性化的状态稳定地呈现出来。

（二）结合学生学习与生活的特点，上出风情

在韶关市中小学信息技术课上有许多观摩课给人留下深刻的印象，例如：在学习路径时，利用Flash动画制作出苹果树的生长过程，将苹果比成文件，巧妙地引出路径的概念，既生动又形象，使学生易于理解。在学习PowerPoint幻灯片制作时，给学生布置设计语文课文《荷塘月色》中描写的情景、制作宣传保护环境的幻灯片等。学习制作网页时，给学生布置制作个人介绍、本地风土人情介绍、旅游胜地介绍等内容的网页。学生在轻松愉悦的氛围下，很容易就掌握了所学内容。所以在重构时，教师应结合学生学习与生活的特点，努力发掘和利用贴近学生生活的地域素材，把丰富多彩的地域文化融入教学内容，让信息技术课堂散发出浓浓地方风情。

（三）结合学科特点，上出气质

信息技术课是一门操作性很强的综合实践学科。我们在韶关市中小学信息技术赛课中，常看到一些信息技术教师在示范时，或讲，或演，或操作，各种媒体和技巧呈现在屏幕上，呼之欲出，让人叹为观止，流连忘返。这是信息技术学科的特点亦是信息技术教师的独特气质。教师的魅力在示范的过程中得到建立与放大，在他们的身上由内而外自然流溢着一种信息之美、技术之美，陶冶着学生。这也是信息技术课永远不可能上成语文课、劳动课或历史课的根本原因所在。所以作为一名信息技术教师，只有牢牢把握住信息技术学科的特点，才能让你的课充满"信息味"。

四、结束语

在实践中，"同课异构"作为探究有效教学的一种方式，就像一根导火索，点燃了众多教师探讨问题思维的火花。活动由对教学过程、教学方法的"求异"而开始，经"反思""重构"而展开，通过"同"中求"异"、

"异"中求"同"两个环节的推进落实，引领教师对教育教学规律进行思辨性的思考。使教师真切地认识到，"求异"只是外在的形式，而对于教育教学规律的高度"求同"，才是"同课异构"教研的核心所在。

参考文献

[1]章云珠.教师教学行为的优化策略[J].教育评论，2004（4）：3.

[2]邱福东，王涛."同课异构"教研的实践与思考[J].中国信息技术教育，2010（11）：30-31.

[3]马春生，龚国祥.校际"同课异构"课的观察比较视角[J].化学教育，2010，31（7）：21-24.

[4]李国华."同课异构"与"集体备课"嫁接的方式与作用[J].教师（综合版），2010（3）：38-41.

[5]张丰，魏雄鹰.走进信息技术课堂，我们该关注什么——浙江省第三届初中信息技术课堂教学评比侧记[J].中国信息技术教育，2010（5）：4.

导学案教学模式在初中信息技术课上的
应用与实践研究之教学策略实施

一、现状分析

以往我在备课的过程中，自己投入了很大的精力，并虚心向周围的同事请教，认真备课，写教案。但是，在实施过程中还是会出现各种各样的问题。主要表现在以下方面：

（1）我任课的初二年级14个班，不同班级有不同的特点，一个教案很难满足这么多班级的要求。虽然自己也在积极地修改，但是，自己的力量毕竟有限，另外对于教案的修改还是具有一定的滞后性。总是上完一节课才发现这个班级的特点，即使改进了方法，对下一个班起了作用，但这个班已经留下了永远的遗憾。

（2）教师一人闭门造车、一厢情愿抛出的教案，难以调动全体学生的学习激情，激发全班学生的创造潜力。

（3）教学的单向性，即以教师和课本为中心，更多考虑如何把课本知识讲的精彩完美，而忽视了学生自主学习的意识和能力，只是根据自己以往的经验去想象学生的反应。

（4）教案是教师自备，没有学生的参与，缺少公开性和透明度，学生在课前对教师的教学意图无从了解，上课时只能被动学习。

本学期教学内容是电子报刊设计和视频编辑（绘声绘影）。下面具体谈谈实验开展情况。

二、实验阶段

实施过程主要分为四个阶段。

第一阶段：教案作学案

学期之初，我照搬研究生课程学习时的方法，把自己写好的教案直接印发给学生，当作学案，经过3周的实验发现这种模式效果不好。因为教师写教案的初衷是给自己看的，比如教学目标，教学重点难点等，学生看起来云里雾里，不是很容易懂。另外，学生还觉得教案中的教学目标是授课教师的事，跟自己没什么关系。还有，因为我在教案中把教学的环节阐述得清清楚楚，课前学生都对此略有所知，以至于课程开展时学生已经没有了新鲜感。于是我总结了以上的不足，进入了第二阶段。

满意度	非常满意	比较满意	一般	无所谓
人数	69	128	403	100
百分比	9.85	18.28	57.57	14.28

第二阶段：学案初形成

汲取第一阶段的教训，第二阶段我对自己的教案进行了修改，把它改成学案。第一，教学目标改为学习目标；第二，列出本节课的学习重点、难点；第三，列出本节课主要的知识点；第四，列出学习本节内容学生要预习的知识；第五，提供检测学习效果的适当材料。

尝试后发现，这次的教学效果对比第一阶段有了很大的提升。学生在课下能够有针对性地进行知识预习。教师在新课讲解中进行得很顺利，但是依然有不足，主要表现为：①学习目标主要是我想教会学生什么。而真正的教学中心应当由教师如何教转移到如何让学生学会、会学，所谓"授人以鱼，仅供一饭之需；授人以渔，则终身受益无穷"才是教育发展的主题思路。②知识点及重点、难点只是简单的罗列，并没有帮助学生在各知识点之间建立关系，也没有注意到新旧知识之间的联系等，即没有把知识形成系统结构。③整个学案虽然提出了让学生预习什么知识，但却没有具体的学习方法和学习策略的指导。基于此，我又进入了第三个阶段的尝试。

满意度	非常满意	比较满意	一般	无所谓
人数	87	202	347	64
百分比	12.42	28.85	49.57	9.14

第三阶段：完善学案

第一，准备学案时制订明确的学习目标，并与我的教学目标相对应，突出学习重点和难点，使学生在整个学习过程中都有明确的目标。第二，给学生提供利用Visio 2003绘制的每节课的知识结构图，梳理知识结构体系，使学生能够明确意识到新旧知识之间的相互联系，提供相关知识介绍和实践应用情况的介绍，促进学生从多方面、多角度进行知识体系的主动建构，促使学生认识到所学知识本身的价值。第三，基于信息技术的学科特点创设一种特定的学习和问题情境，使学生意识到所学知识在解决具体问题时的作用和价值。第四，提供适当的学习方法和学习策略指导，促进学生的自主学习意识和能力的提升，促进学生问题意识和创新意识的发展，引导学生主动探索和积极思考。我把在研究生阶段了解到的"思维导图"形式介绍给学生，鼓励学生自己绘制本学科相关章节的思维导图，梳理学科知识。第五，提供检测学习效果的适当材料，为学生的学习活动提供及时的反馈和评价，进一步明确整个学习过程中的目的。

经过尝试和总结以及对学生的访谈调查发现，第三个阶段学生的学习效果最好。因为上课时老师按照众多学生参与修改后的学案教学，并参照教案对学生进行检查和点拨，以学定教。学生会了的教师就不再讲，不会的进行点拨，教师要教的就是学生想学的，学生不会的东西正是教师要点拨的东西，学生感兴趣的东西也是教师要补充的东西。没有多余的废话，没有多余的活动，没有故弄玄虚的东西，课堂效率很高。

满意度	非常满意	比较满意	一般	无所谓
人数	120	301	236	43
百分比	17.14	43	33.71	6.14

第四阶段：实验总结

开展了三个阶段的实验后，我自己对学案在信息技术教学中的应用深有感触。开始的时候觉得工作量大，困难多，而且学生刚刚开始接触这样的信息技术课，课下学案的使用以及课上学案的利用等都难以把握。每节课后我发下一节课的学案，给学生一周时间去准备，根据自己的时间零散安排学习即可。另外，我还给了学生学案改编权。新的教育理念呼唤"以生为本，发展为本"，这也是目前进行的新课程改革的核心理念。学案应当是无条件向学生开放的，融合师生共同心智、和谐共振的学习方略。考虑到不同学生的性格特点，我在班级内设置了"问题帽"，大大方便了生生、生师之间的交流与合作。由于不同的学生得到的第一手资料不尽相同，学生的建议和意见也成为教师的宝贵资源。据此可随时修改学案和教案。另外，对于学生根据学案提出的各种各样的问题，无论多忙，我都会认真倾听仔细解答。我深知，如果我的答复敷衍了事，会挫伤他们的学习积极性。下图为三个阶段学生对学案使用的满意度比较曲线图。

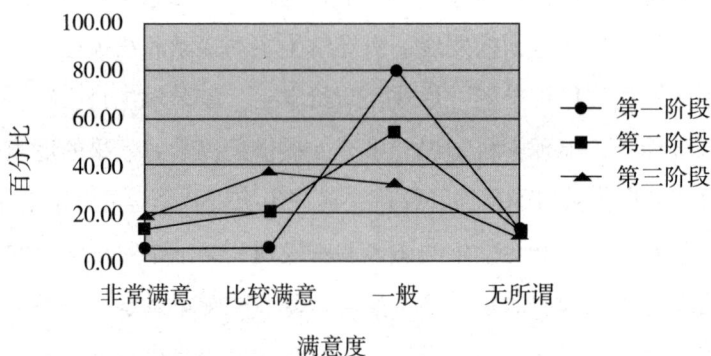

例如，在讲视频编辑中的文字处理时，由于提前一周拿到了学案，学生了解了教师的意图，就会在这一周有意或无意地观察身边的各种媒体中的文字运用，对于视频中的文字编辑有了更多的认识。有的学生还会来跟我交流他们平时看到的有趣的标题和文字等。通过和学生交流也开阔了我的视野，丰富了我的教学案例。这样上课时教师再结合具体的案例给学生讲解，课程进展自然很顺利，而且部分学生还能提出自己在文字处理上的独到见解和建议。促进了教师的教和学生的学，实现了双赢。

三、学案导学中的合作学习问题

比如学案导学中的前期准备工作主要以小组合作的形式完成，评价的时候以小组团体的成绩作为评价标准。这样做往往会导致在教学时老师把过多的注意力放在小组整体上，而无意中弱化甚至忽略了个体的发展。小组合作学习只是一种形式，最终是要为学生个性的全面发展服务。所以，在每次小组合作活动之前，我都要求小组成员进行更为明确的分工，具体表现为每组都要填写小组任务分配表，以备任务完成后参照每个人的任务分配，对任务完成情况进行评价。

在此有一点必须说明，学生每次的任务分工我都会留下记录，下一次分配任务时，尽量不让学生领取与上次同性质的任务。例如，负责协调任务分配的小组长要轮换，利于锻炼每个人的组织协调能力。再比如每次小组作品完成后，要有同学负责展示讲解，这个角色也要轮换，使得每个人都能够有机会站到讲台前展示自己，锻炼自己的表达能力。实际操作中，由于机房共7组，每组7~8人，桌椅有编号A1、A2……B1、B2……，所以基本上每次都按照桌椅编号分工，很容易把握角色分工的轮换情况。实践表明不同角色的转换不仅可以促进学生多方面的发展，使每位学生都有兴趣积极参与，而且也促使每一个学习小组都能迅速成长为互相信任、团结互助的合作集体。而且，这种合作不仅仅是为了学习，更是一种人际交往的培养过程。这一点，在学生从"自然人"逐步成为"社会人"的成长中，具有更为深远的意义。

四、学案导学的意外收获

最初，我开展学案导学的目的很简单，就是解决课时短，内容多的矛盾。但是，真正经过了一个学期的尝试后，我发现不但我的问题得到了一定程度的解决，而且我还有很多的意外收获。

（一）学案有利于培养学生对于信息技术课的学习兴趣

兴趣是学习的主动力和源泉，是学生最好的老师，正所谓"知之者不如好之者，好之者不如乐之者"。对于学生学习兴趣的培养和激发，要抓住学生个性发展的方向和特征，使学生对知识产生兴趣，对学习本身产生兴趣，在自觉主动地理解掌握知识的基础上体会收获的乐趣，实现变"苦学"为"乐学"的目的。

（二）学案有利于培养学生在学习过程中的自信心及毅力，调动学生的非智力因素

在讲解视频编辑软件中的视频滤镜知识时，我尝试适当留白，就是讲课没有面面俱到，关于滤镜自定义参数没有讲完整，给学生的思考和尝试留有余地。鼓励学生自己尝试这些滤镜的作用和使用技巧，并且把自己摸索到的知识传递给其他同学。还有，对于一些简单的操作，我在课上不再一一列举操作方法，而是通过提前发的学案鼓励学生通过自己的摸索操作进行学习。鼓励学生尽可能养成"发现问题—思考问题—解决问题"的良好思维习惯。显然，要想自己摸索解决问题的途径，学生必须踏实、肯干，并持之以恒地去探索。在把自己摸索到的知识与别人交流时，又培养了学生的自信心。通过这种模式，学生敢于发表自己的意见，敢于据理力争，敢于质疑。

（三）学案有利于培养学生的主动性、独立性、探索性和创新性

信息技术是一种工具，而学习工具的根本目的就是服务于社会、服务于生活。所以学习信息技术不能止于技术，而是要以培养学生主动性、独立性、探索性和创造性为更深层次的目标。我在信息技术教学过程中看到的现象表明，学案的使用在培养学生的主动性、创新性、探索性等方面有很大的促进作用。

（四）学案的使用促进教师角色的转换

本学期我在初二（8）班开展了"小督学"的实验活动，可以算作我开展学案导学的第五个阶段。由班里的学生分小组负责制订学案，提前两周制订本节课的学案，其间由教师作顾问负责修改把关。而且我还大胆尝试，让学案的制订小组参考我的教案，推荐小组成员在课堂中担任小老师讲新课。为了鼓励学生，每节学生讲的课我都为他全程录像。然后由班里的学生负责后期剪辑，制成光盘送给讲课的学生留作纪念。学生从中体会到成功的喜悦，同时也激发了其他学生的参与兴趣。学生对"小督学"教学方式的态度调查结果见下图和表。

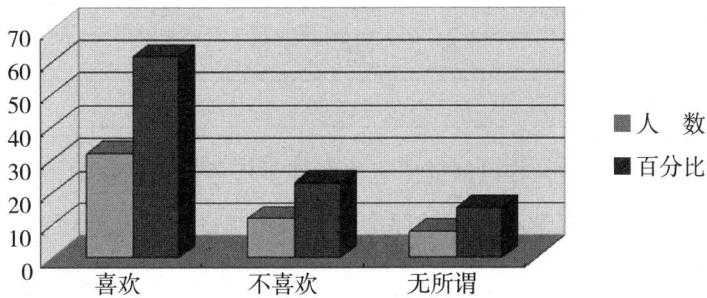

喜欢度	喜欢	不喜欢	无所谓
人数	32	12	8
百分比	61.53	23.07	15.38

　　绝大多数学生都很喜欢"小督学"的形式，但是也有个别学生问我："老师，我们又备课又讲课，您干什么呢？"我说："在学习过程中，作为学生，你们才是学习的主人，我会尽量为你们搭建学习的舞台，而你们才是这个舞台的主角。"教师扮演的只是组织者、引领者、整体活动进程的调节者和局部障碍的排除者角色。一篇好的、有分量的教案，才能成为学生的学案。同时，学生根据自己的需要认真编写的学案，经过教师的点拨，也能够成为一份精彩的教案。我的每一节课都是师生共同揣摩、双向交流、相互沟通的产物，是师生群体的意志，而绝非教师单向意愿、个体所为。

五、存在的问题

　　（1）实施学案导学是否对全体学生都适用还有待进一步验证。学生使用学案程度情况调查结果见下图和表。

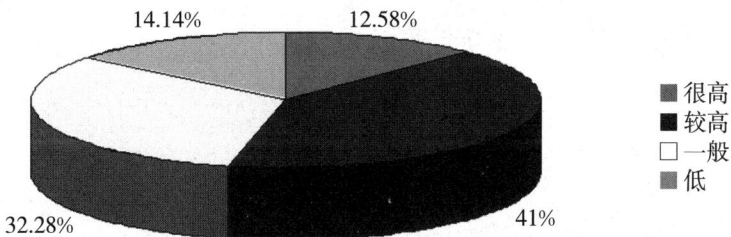

使用度	很高	较高	一般	低
人数	88	287	226	99
百分比	12.58	41	32.28	14.14

（2）实施学案导学，难以保证所有班级课堂任务的完成。

（3）教师自身教育学和心理学理论的欠缺给制订学案进行导学带来一定的困难。

（4）每堂课都制订学案对教学活动来说不是很合理。

在结尾处我想引用徐福荫教授在课堂上给我们做的一个很好的比喻，是它让我深刻地体会到了学案的好处。将学生看作问路人，将老师看作指路人。教案就像指路人拉着问路人的手，送了一程又一程，一直送到了目的地，甚至是背着走到目的地。但下次再走这条路，问路人还是没记住。学案就是指路人告诉问路人，前行多少米，几个红绿灯，左拐还是右拐。至于路，要自己走。问路人可能问一遍不行，要问好多人，然后慢慢地走到目的地。但这样走下来，他印象深刻。因为这里面，有他自己的思考、判断、探究。他是走路的主体，这样走才有兴趣。否则，只能是被拉着，毫无兴趣，效率极低。

可见学案导学就是让学生先自学，然后通过学生的讨论、探索，使他们亲身参与课堂教学，这样就真正确立了学生在课堂上的主体地位，给学生提供了学习的条件和机会，唤起学生的主体意识，发挥学生的主动精神。

参考文献

[1] 邵杰."学案导学"教学模式在初中信息技术教学中的应用[J].中学教学参考，2020（9）：21-22.

[2] 王文瀚."学案导学"教学模式在初中信息技术教学中的实践与探究[D].河北：河北师范大学，2013.

核心素养视野下中学人工智能
与编程课程教学实践与探究

　　无论是国内还是国外，作为教学内容进入中小学的人工智能和程序设计教育都处于初级阶段。近年来我国的人工智能教育有了很大的发展，无论是相关的创客教育，还是编程教育的教学内容都得到了不断的充实和系统化。人工智能和编程可以为一些信息技术素养较好的学生创造一个有效发展综合能力的良好的科技教育平台。人工智能和编程教学的有效开展，对学生的探究能力、协作能力、创新能力的培养都有很大的推动作用。

一、以手脑并用为前提，开展人工智能编程课堂教学

（一）以问题为驱动，动手实践完成任务

　　教师在课堂教学中从构建结构到传递方式不断向学生提出问题，促使学生主动尝试、主动观察、发现问题、研究问题、探究问题、解决问题，在动手实践的过程中最大限度地发挥学生的能动性和创造性。

（二）完善评课方法，让学生体验成功的快乐

　　在课堂教学过程中，多方位、多维度地观察每个学生的学习情况，对结果关注得少一些，对学生自主学习、探究的过程关注得多一些。对于随时让学生产生成功自豪感的点滴进步和点滴成功，都及时给予表扬和鼓励，使其能时刻感受到学习过程中获得成功的快乐。

（三）组织以学区为单位的课堂教学

　　在教学过程中将学生划分为每7~8人为一个学区的若干个合作学区，让学

生在学区内、学段之间相互探讨交流，提出自己的见解，在主动参与的同时选出最优方案。同时，合作学习可以让每个学生在不同的方面做出自己的贡献，对于学习不够理想但在其他方面表现突出的学生来说，合作学习可以帮助他们赢得同伴的尊重。

（四）使用灵活多样的教学方法

在课堂教学中根据教学内容和需求的不同，灵活选择授课、项目指导、任务驱动、直观演示、实际操作、学区讨论等多种方式，不让学生产生某种固定模式下的学习疲劳感。

二、以赛促学，积极参加AI程序设计教育大赛活动

（一）让学生了解AI机器人技术的应用现状，打破学生对AI机器人的神秘感

教师要结合学生的实际学情，设计出详细的人工智能与机器人编程教学方案，培养学生的信息技术核心素养。模拟生活、学习中的实际场景，将简单的实物机器人设计、制作或组装好，将编制好的控制程序下载到机器人上，运行机器人，并对机器人及其控制程序进行必要的调试和修改。通过编写程序控制机器人，学习缜密的逻辑思维方式，使学生懂得程序是人工智能的灵魂，提高学生分析问题、解决问题的能力。

（二）培养学生的创新能力、应变能力和协作能力

1. 培养创新能力

在教学过程中，引导学生搭建各种机器人，鼓励学生去探索，对学生有创意的想法或做法，以及不同的方法、思路，教师应全力支持，使学生的创新能力得到锻炼，创新精神得到培养和激发，从而使学生的综合素质得到提高。

2. 培养应变能力

由于机器人的运转受时间、地点、环境等因素影响，很多因素都要考虑到。教师需具备良好的课堂组织能力，以实现教师教学与学生练习之间的收放自如。人工智能、编程学科实践性强，要求学生边学边练，练习时间占据课堂较大比重，这就要求教师在平时的训练中，要注重培养学生的临场应变能力。

3. 培养学生的团队协作精神

成功团队中的每一位成员都必须具备协作精神，而机器人比赛中的团体接

力，则是培养学生的团队协作能力的最佳平台——需要每个人共同协作，将火炬接力传递下去。

三、教学实践与思考

（一）以情境式教学感知AI

第一个学习人工智能的环节是在真实的情境中体验感知。在授课过程中，为让学生亲身体验、实际操作，推荐使用真正的智能产品。比如，在学习智能语音技术时，把智能音箱带进课堂。组织学生了解智能音箱的功能并学会使用后，对其中包含的技术应用有哪些、应用场景有哪些等内容进行讨论和交流。比如，利用智能仿音技术，将海量睡前故事用父母的声音讲给孩子听，就可以在一定程度上代替父母陪伴孩子。将语音技术可能出现的问题和风险组织学生进行讨论，充分感受其应用价值，培养学生的信息道德意识、信息安全意识，以及通过深入的思考和交流，提高分析问题的能力。

（二）AI应用的案例式教学

将AI领域的不同技术和关键知识进行横向联系，设计完整的案例。举例来说，在进行智能垃圾分类时，AI技术提供了垃圾自动分类的可能性。学生可将垃圾分类任务分为机器感知、机器学习及人机交互三个技术环节。各技术环节之间通过共同完成该任务进行横向联系。在机器感知环节，可以设计相应的教学内容，让学生体验智能垃圾桶基于视觉的感知和基于听觉的感知功能，从而引入对图像识别和语音识别的学习；在机器学习环节，教师可以介绍图像识别和语音识别的基础性模型和原理，如图像识别领域中最常用的人工神经网络模型等；在人机交互环节，教师可以设计学区合作学习活动，让学生思考如何使智能垃圾桶更好地与人类交互，包括如何自动控制垃圾桶的打开与关闭，是否让垃圾桶为投放者讲解垃圾分类知识及垃圾的正确投放方式等。需要注意的是，教学设计需要由浅入深，例如，在人机交互环节，教师引导学生思考并讨论智能垃圾桶的交互功能后，可以逐步引入智能控制或自然语言处理的相关教学内容，从而培养学生的知识整合与迁移能力。

（三）AI应用的阶梯式教学

例如，在学习表情自动识别时，在初级阶段，教学设计应以学生的体验和讨论为主，不要涉及过于复杂的表情识别模型等内容。第一步，教师可以引导学生观看视频，猜测人物表情，让学生思考"人是通过哪些面部特征识别出表情的"，进而深入思考"如何借鉴人类的识别方式，让智能机器学会识别快乐和难过的表情"。第二步，教师可以通过设计动画等教学资源，让学生通过交互方式，体验监督式机器学习的训练过程和基本思想，进而引导学生认识到，机器可以和人一样通过学习来识别表情。第三步，教师鼓励学生讨论情绪对人们生活的影响，以及如何应用表情识别技术帮助人类管理情绪。

在中级阶段，教师介绍表情识别模型的具体构建过程，让学生理解其中的关键概念。第一步，以达尔文对人类和动物表情的研究导入，引导学生思考如何让机器具备表情识别的能力。第二步，以生活中对橘子好坏分类的情境进行类比，讲解机器学习中的分类概念。第三步，通过"数据准备、特征提取、模型训练、分类输出"四个基本步骤的演示，让学生逐一理解并能够搭建表情识别程序的相应模块。

在进阶阶段，教师能进一步引导学生深入学习表情包模型，让学生通过实验了解如何对模型进行调整和改进，让学生了解表情包识别准确率的具体算法和模型参数的意义。第一步，教师介绍表情识别技术在生活中的应用，让学生感受表情识别技术的应用前景。第二步，让学生理解表情识别是监督式机器学习中的分类任务，引导学生收集一定数量的快乐和难过的表情图片，利用平台开展模型训练，并记录识别结果。第三步，教师讲解所涉及的人工神经网络模型的参数，引导学生调节不同参数的大小，并记录和比较相应模型识别的准确率等指标。

四、总结

本文虽然对AI及编程课程体系与教学方法进行了多方面的探讨与研究，为一线教学提供了具体的教学参考，但是仍然存在许多的不足。新技术的诞生和应用，将会更新和提高教育对我们未来人工智能时代的要求。教育面临的非但不是消亡，而是面向教育本身、面向人类未来的新生。

参考文献

［1］张晖．研究生"人工智能"双语课程的建设思考［J］．电脑知识与技术，2014，10（15）：3599-3601.

［2］周如旗．师范院校《人工智能》课程教学探讨［J］．现代计算机（专业版），2009（1）：80-82.

人工智能发展背景下初中
信息科技教学改革探究

    人工智能技术是计算机科学的一个分支，是以人类智能为基础制作出的具有一定智能反应的机械设备，包括智能机器人、软件、语言识别、图像识别系统等。人工智能技术的应用和发展改变了人们的生活方式和学习方式，是信息科技发展和应用的热点研究方向之一。为推动人工智能技术发展，提高信息科技学科的教学效率，教师可以在信息科技教学中将人工智能与教育活动结合在一起，培养学生的创新意识和创新实践能力，为学生今后的成长发展打下良好基础。

一、人工智能背景下初中信息科技教育现状

（一）初中信息科技教育存在的问题

    信息科技学科作为一项技能型学科，具有较强的应用特征，需要学生能够针对实际需求灵活使用所学知识解决实际问题，然而灌输式的教学模式让学生以死记硬背的方式记忆固定的功能模块，枯燥死板的教学方式导致学生的思维灵活性和创新性很容易受到限制，不能根据实际情况灵活应用所学的计算机知识，学生的实操能力无法得到有效提升。部分教师在目标设定上未能考虑学生的实际情况，教学流程与教学目标的结合性较弱，设定的课堂教学目标难以完成。

（二）初中信息科技教育对人工智能发展的重要性

    伴随着信息科技的发展，人工智能技术发展速度不断提升，并在工业、

教育、医疗等诸多领域当中占据着重要地位。与发达国家相比，现阶段我国的算法、算力较为落后，技术壁垒的存在也限制了人工智能技术的应用和发展。初中是学生接触、了解、学习信息科技学科的关键时期，初中信息科技教育内容应以计算机基础知识为主。在初中教育阶段加强信息科技教育，有助于学生了解信息科技的内涵和特点，激发学生的求知欲，提升学生的实践能力，热爱人工智能相关学科的学习。在学习和实践中帮助学生感受到学习信息科技的乐趣，为学生学习了解人工智能技术打下良好基础，培养信息科技领域的优秀人才，支援国家高新技术建设。

二、人工智能发展背景下初中信息科技教学改革策略

（一）引入网络资源，模拟实景展示

许多学生刚刚升入初中，对计算机的了解和认知存在一定局限性，部分学生对人工智能缺少足够的了解，而与人工智能相关联的知识内容难度较大，学生理解起来较为困难。为深化学生对人工智能技术的印象，教师可以结合网络资源进行人工智能应用展示，利用多媒体设备展示人工智能的用途，如汽车无人驾驶、超市自动售货结算、街道摄像头自动读取车牌号码出具罚单等，在应用说明和实景展示的过程中将人工智能的概念和人工智能的特点传递给学生。

以粤教版《信息科技》第一册第一章"走进信息世界"为例，本章的主要教学目标在于帮助学生了解信息科技对现实世界的重要性，了解计算机和信息科技之间的关系，为此教师可以从学生的兴趣爱好入手，利用互联网收集阿尔法狗与国际围棋高手比赛的视频和图片资料，详细讲解比赛过程，让学生在听取比赛的过程中形成对人工智能的初步概念。随后教师可以将工业生产的场景提取出来，播放相关视频并设置问题："以往工业生产中质量检测环节需要人工操作，对成品件进行检测，保证成品质量，现阶段许多工厂使用自动检测设备，自动完成取样、检测、废品处理等一系列生产环节，大家说哪一种生产方式效率更高，质量更稳定呢？"利用问题和视频营造情境，引导学生在情境中分析思考人工智能技术的作用，最后播放视频资料，说明人工智能技术在芯片制造、医疗、工业生产等领域的重要应用，帮助学生认识到人工智能的优势和重要性，激发学生的好奇心和求知欲望，为后续的课程教学效率的提升打下良

好基础。

（二）添加生活场景，拉近知识距离

初中信息科技教学内容涉及的关于人工智能的内容相对有限，为增强学生对人工智能的认识，教师应以教材为基础，在生活中收集人工智能的应用场景，在教材的原有内容上进行扩展，将人工智能应用方面的知识融入其中，在学生学习教材知识的同时适当插入生活场景，说明人工智能技术的作用，增强学生对人工智能技术的了解。教师在备课中应认识到并非所有的课程内容都能与人工智能结合在一起，因此在授课开始前需要积极收集与人工智能相关的材料，尝试将人工智能技术的特点、发展历程、知识概念、编程技术、表述语言等知识与生活实际结合在一起，实现二者的合理融入，让学生在思考现实生活的过程中认识到人工智能的普及性和重要性。

以粤教版《信息科技》第三册第十课时"声音的采集与处理"为例，为帮助学生了解录制声音文件的采集录制方法，掌握音频文件和视频文件的格式、播放、转换等基本编辑方式，学会剪辑和混音等操作，教师在授课开始前可以播放一段关于智能手机用户通过语音唤醒手机助手，自动开启音乐功能和通话功能的视频资料，结合视频资料提出问题："为什么用户利用声音就能够实现对系统的远程操作，如果其他人在用户身边，如何避免其他人的声音遥控手机系统？"通过视频将本节课所学的声音文件的知识和编辑相关知识内容与人工智能技术结合在一起，在学习了解声学特征、声学模型、声音文件的处理方式的过程中分析语音识别功能的优势特点，深化学生对人工智能技术的认识，增进学生对人工智能技术的了解，为今后的学习成长打下良好基础。

（三）创造实践机会，鼓励合作学习

初中信息科技学科涉及编程、机器人和物联网等知识点，知识内容的实践性较强，为培养学生的信息素养和算法思维，深化学生对所学知识的记忆印象，教师可以从学科特征入手，对现有的课堂教学模式进行改革，加入教学实践活动，鼓励学生利用所学知识向人工智能方向发展，在活动中为学生提供实践机会。

以粤教版《信息科技》第四册第三章"认识计算机程序"为例，为帮助学生了解变量定义的基本方法，掌握输入输出语句、赋值语句，理解语句的基本格式和执行过程，学会使用语句调试功能，教师首先需要介绍Visual Basic语言和Python编程语言，帮助学生了解程序语言的基本概念，随后将学生分为多个学习小组，设置讨论情境：如何让计算机程序当中的小车按照要求进行移动。明确活动目标后，教师可以先行进行演示，编写程序语言让小车向前移动，随后鼓励学生以小组为单位进行讨论，在讨论中确定教师展示的编程语言当中的输入条件和输出条件，分析完毕后尝试编写其他类型的小车控制指令，如向后、转弯等，循序渐进地提高教学难度，为学生指明探索方向。

（四）灵活运用微课，构建网络教学平台

传统的课堂教学模式难以满足学生实践热情和学习需求，为此教师可以尝试在工作中灵活运用微课这一教学辅助形式，将复杂的知识内容按照知识点的形式分解开来，并制作成平均时长在2~5分钟的讲解视频，以点到点的方式将教材知识内容覆盖到学生的课余时间当中，让学生自行观看微视频了解人工智能的发展历史、应用场景等多方面的知识内容，帮助学生养成自主学习的良好习惯，学生可随时随地根据自己的空闲时间选择性听取相应的知识内容，完成知识的预习、复习和拓展，从而保证教学质量。

以粤教版《信息基础》第三册第四章"虚拟机器人"为例，初中学生对陌生事物保持着浓厚的了解欲望和好奇心理，因此教师在讲解"虚拟机器人"章节相关内容之前，可以结合机器人的产生和发展历史资料制作微课，鼓励学生在预习阶段自行观看微课视频，了解机器人和人工智能技术的发展历史，引导学生思考人工智能技术发展对机器人的影响，利用微课激发学生的学习兴趣。在课上教师可以安装摄像设备，带领学生尝试编辑机器人的运动程序，演示如何利用程序遥控机器人完成直行、转弯、躲避障碍等行动，引导学生思考人工智能技术与机器人技术相结合的重要性，如机器人自动识别障碍物，根据障碍物类型选择停下或是绕开等策略。

三、结束语

综上所述，在人工智能迅猛发展的今天，为培养社会急需的技术型人才，教育工作者需要认识到初中信息科技教育的重要性，在工作中将人工智能技术与教学内容有机结合在一起，鼓励学生积极学习与信息科技相关的知识内容。

教师在这一过程中应充分发挥引导者的作用，利用丰富多样的教学活动引导学生参与到学习计算机知识、了解人工智能技术的过程中，提升初中生的基本素养，为人工智能领域优秀人才的培养提供优势助力，推动社会稳步向前发展。

参考文献

［1］庄若泳，赵亚萍.人工智能课堂评价对初中生"批判质疑"核心素养的影响探究——以初中信息科技课程为例［J］.中国现代教育装备，2021（18）：11-13.

［2］庄若泳，刘晓晓.基于人工智能技术的学生互评对培育健全人格的影响研究——以初中信息科技课堂评价为例［J］.中国现代教育装备，2021（16）：18-20.

［3］刘载兴.义务教育阶段人工智能课程课堂教学范式构建与实践研究［J］.远程教育杂志，2021（8）：66-70.

［4］高琼，陆吉健，王晓静，等.人工智能时代人机协同课堂教学模式的构建及实践案例［J］.远程教育杂志，2021，39（4）：24-33.

运用文化主题策略实现初中
信息技术与德育融合教学

一、挖掘教材，明确德育目标

初中信息技术教材中包含大量的德育素材，这些素材蕴含着丰富的德育价值，在教学中教师应积极挖掘教材中的德育素材，明确德育目标，从而将德育内容与教学内容有机结合起来。

以广东高等教育出版社《信息技术》七年级上册第一单元"探索计算机的奥秘"课程为例，该课程主要内容包括计算机基本操作、信息获取与加工、网络应用与安全等。其中"计算机基本操作"部分包含"键盘的使用"和"鼠标的使用"两个单元，"键盘的使用"单元中包含了大量的德育素材，如"热爱劳动、艰苦奋斗""爱护公共财物、维护公共安全"等；"鼠标的使用"单元中包含了大量德育素材，如："为他人着想""创新思维"等。教师应充分挖掘教材中的德育资源，明确教材中的德育目标。

二、依托生活，找准德育切入点

（1）信息技术学科教学中，教师要充分利用好教材中的教学资源，以生活为切入点，帮助学生认识到信息技术学科与生活密切相关，了解到信息技术学科是一门与人们生活息息相关的学科，要让学生树立起正确的价值观和人生观。如在教学七年级上册第二单元"魅力广东图片展"课程时，教师可从学生熟悉的图片入手，结合教材中图片管理软件的功能讲解图片管理的重要性。同时可联系学生所居住的小区绿化情况、街道卫生情况等图片进行分析，让学生知道美好环境不仅要靠政府，更要靠自己。对于一些校园里的环境污染问题，教师可以让学生关注新闻报道中的环保问题，在信息技术学科教学中引入"绿色校园"主题，并将其作为本节课的教学目标。这样能够引导学生关注现实生活，使其充分认识到信息技术与生活紧密相连、息息相关，从而树立起正确的人生观和价值观。

（2）组织小组讨论。小组讨论是在教师的引导下，以小组为单位进行的合作学习活动。小组讨论可以分为个人小组讨论和多人小组讨论两种形式，在信息技术学科中，多人小组讨论多见于课堂展示环节。

以"计算机程序设计"课程为例，教师在课前根据教学目标，设置好小组讨论的主题，让学生带着问题进入课堂。如在教学"程序设计"第一课时中，教师可引导学生围绕"程序的数据结构"展开小组讨论，引导学生对程序数据结构进行分析、整理，进而得出程序设计的一般步骤和方法。

在教学过程中，教师可以通过对学生进行引导，激发他们的探究兴趣和内在动机，让学生自己去思考、去发现、去探索、去创新，从而培养学生的创新精神和实践能力。

三、依托活动，凸显德育过程

为了更好地发挥信息技术学科的德育功能，教师在教学过程中可以借助信息技术教学内容和主题，让学生开展相关活动，从而让德育活动的开展过程变得更加丰富，让德育过程更加生动。

（1）在"信息隐私与安全"教学中，可以开展"校园安全你我同防"的主题活动。利用信息技术手段开展校园安全管理系统活动，不仅能够激发学生对校园安全管理系统的学习兴趣，而且能够让学生在参与活动的过程中对学校安全管理系统有更深刻的认识。同时在活动结束后，可以通过小组合作的方式进行总结交流，进一步强化学生对校园安全管理系统的认识和理解。通过这样的德育活动的开展，信息技术学科教学可以取得事半功倍的效果。

（2）以活动为载体，将信息技术学科与德育融合。开展主题活动，是将信息技术学科与德育融合的重要载体，它不仅能提高学生的信息素养和技术素养，还能增强学生的情感体验，增强学生对中华优秀传统文化的认同和热爱。

教师可以通过举办一些活动，如知识竞赛、学生作品展示、作品创作大赛等方式，将信息技术与德育融合起来。如在"动画设计"教学中，教师可以让学生参加"我和中国梦"的主题绘画比赛。在比赛中，学生能够了解到我国科技发展的历程及成就，感受到中国科技事业的伟大成就，从而激发起爱国主义情怀。又如在"网站设计"教学中，教师可以让学生自主设计网站的各个栏目。在设计过程中，可以让学生体会到设计网站需要合理布局、注重细节等方面的知识和技能。再如在"网页制作"教学中，教师可以让学生围绕"中国梦"这一主题自主设计网页，通过设计网页表达对"中国梦"的理解。

四、挖掘资源，实施德育渗透

挖掘教材内容中的德育资源，是实现信息技术学科教学与德育融合的关键。在新课程改革背景下，教师要不断学习新理念、新方法，积极挖掘教材中的德育资源，并对其进行加工处理，在教学中灵活地将其融入信息技术教学中去。

（1）在"信息技术与课程整合"的教学中，教师可挖掘教材中的德育资源，如"我国自主研发的新一代卫星移动通信系统——'天通一号'""我国自主研制的第一个具有独立知识产权的宽带无线接入系统——'天通二号'""世界上最大最先进的全数字智能化图书馆——'文海'数字图书馆"等。

（2）挖掘学科素材，确定文化主题。信息技术学科与其他学科相比，具有鲜明的实践性、应用性特点。信息技术教师要善于从学科知识中挖掘德育内容，确定文化主题。信息技术学科教学涉及信息技术知识、信息技术课程标准、信息技术教学评价等内容，这些内容均能挖掘德育要素，但存在主题分散，难以形成文化主题的问题。因此，教师要善于从这些学科素材中提取德育主题。如在"计算机硬件结构"的教学中，可以挖掘与计算机硬件结构相关的知识点，如计算机的CPU、硬盘、内存等；也可以从计算机的发展历史入手，如操作系统的发展历程、计算机应用领域等，从这些知识中提取德育要素。这些德育要素相互联系、相互影响、相互补充。

五、抓住时机，延伸德育价值

（1）初中信息技术教学过程中，教师要抓住时机，对学生进行德育教育。如在对学生进行网络道德教育时，教师可以通过文化主题网络安全教育的方式，让学生在了解网络安全的基础上，通过网络知识竞赛、网络安全知识问答等方式，进一步提升学生对网络安全知识的学习兴趣和参与度，帮助学生养成良好的网络安全习惯。再如，在对学生进行信息素养培养时，教师可以通过信息素养教育中的文化主题活动引导学生从小事做起，养成良好的文明习惯。如在学习Word文本编辑时，教师可以通过开展"文明使用计算机""拒绝不文明操作"等活动，让学生了解如何保护自己的计算机、如何进行文明操作等信息素养知识。

（2）以问题为导向，将信息技术学科与德育融合。问题是思维的开始，也是解决问题的关键。教师在教学中要善于创设问题情境，围绕文化主题进行探究，以问题为导向进行教学设计，围绕信息技术学科与德育的融合进行实践。

在教学八年级上册第二单元"Flash动画制作"过程中，教师先提出问题"动画制作有什么好处？"让学生自主探究动画制作的方法，然后组织学生开展小组讨论，在小组内就动画制作的方法展开讨论。在此过程中，教师针对学生提出的问题进行引导、启发，使学生主动地将理论知识应用到实践操作中，从而深化对知识点的理解。这样以问题为导向，进行教学设计，教师引导学生解决问题，进而实现对学生的知识与技能、过程与方法、情感态度与价值观三方面目标的培养。

六、合理评价，鼓励德育发展

教育的最终目的是使学生全面发展，而不是为了分数，更不是为了应付考试。因此，在进行信息技术学科教学的同时，要合理评价学生的学习成果，帮助学生树立正确的价值观、人生观。

在学习"文件管理"一节时，教师可以要求学生建立一个属于自己的文件夹，并将自己不用的文件放到文件夹中去。在学习"桌面设置"一节时，教师可以让学生整理出自己电脑中的各种软件文件。在学习"网络资源"一节时，教师可以让学生收集一些有趣、有意义的网站图片、视频等，并将其放到自己的文件夹中。在学习"上网冲浪"一节时，教师可以让学生将自己所看到的有用信息都放到自己的文件夹中。通过合理评价，鼓励学生发展德育。

综上所述，在信息技术学科教学中运用文化主题策略实现德育融合是一个复杂、长期的过程。但是只要教师深入分析教材和学生特点，从文化主题入手开展教学，就能使信息技术学科教学与德育融合，从而产生事半功倍之效，这也是落实立德树人根本任务的重要途径。

七、结束语

文化主题策略作为一种新型教学模式，在初中信息技术学科中的运用，能够有效激发学生学习兴趣，提高信息技术课堂效率。但是在实践中，由于学生对于新事物的认知度较低，在具体操作中容易出现理解不到位、盲目操作等问题。对此，教师应结合初中信息技术学科的特点和学生的学习情况，灵活运用文化主题策略进行教学。本文对初中信息技术学科文化主题策略的教学实践进行了分析和总结，提出了运用文化主题策略实现信息技术学科教学与德育融合的具体策略，包括创设文化主题情境、创设文化主题活动、组织学生开展文化主题讨论、教师及时反思和总结、建立评价体系等。通过本文研究，可以看出文化主题策略在初中信息技术学科中的应用具有可行性和有效性。但是由于学校信息技术教学资源缺乏、教师能力水平限制等原因，再加上学生对于新事物的认知度较低，在实际运用中还存在诸多问题和不足之处。因此，下一步的研究应该从文化主题策略本身出发，寻找解决方案。

参考文献

[1]喻文喜.谈立德树人背景下信息技术课中的德育渗透[J].中小学电教，2016（6）：60-62.

[2]曹爱芳.浅谈德育在信息技术教学中的渗透[J].青海教育，2019（Z2）：44.

[3]李凡.信息技术课程中立德树人教育的实践思考[J].中国信息技术教育，2022（10）：56-57.

数据驱动下人工智能融合
Python编程的有效教学

要实现课堂教学效果的最大化，就要创建师生互动的教学氛围，激发学生的学习热情，使学生全身心地投入教学的全过程，因此，探索一种切实有效的课堂教学模式极其重要。采用自主探究教学模式可以大大提高编程课程课堂教学的效果。自主探究教学要求教师首先要建立自主探究的教学氛围，设计自主探究的课题，并引导学生进行自主探究学习。从具体课程教学实践来看，自主探究学习就是学生在教师的适当指导下，以能解决实际应用问题为目的的一种学习方式。编程自主探究学习，在教学过程中将以实际应用问题为载体，创设一种类似实际应用的情境，使学生在学习过程中，能把编程知识和实际应用场景结合起来，对抽象的概念、语法建立具体化的理解，激发学生的学习热情，提高课堂教学效果。

本人现任教初中八年级信息技术，本学期选用的教材是由广东省教育研究院教研室编著的《信息技术》八年级下册，学习内容是Python语言程序基本命令。对于初中生而言，内容理解起来较难。在40分钟的课堂里做到有效教学，使得学生能够掌握Python的编程知识、技能，并且培养和发展学生思维，要如何分配时间、安排教学内容？本人做了许多尝试，终于有点心得体会，下面将以教材第七课"for循环语句的应用"为例，分享有效教学的经验和总结。

一、充分做好课前准备，是提高课堂教学效率的重要保证

常言道，"不打没有准备的仗"，课堂虽不是战场但也可比拟战场，作为

指挥官的教师必须在战前做足准备。备课是上好课的前提，课前分析是有效设计的前提。

（一）课前分析助教学有效

正所谓，"知己知彼，百战不殆。"在教学当中，"己"就是学生，"彼"则是教材。分析学生，可以让我们了解、清楚学生的实际情况，如学生已经具备什么样的技能，学生接受新知识能力等。分析教材，则让我们知道本节课有哪些知识点，在知识网络中是起到承上还是启下的作用。这些分析将决定着我们在本节课中如何安排教学内容，用什么样的教学策略。以"for循环语句的应用——画多边形"为例：

（1）教材分析：本节课选自广东省教育研究院教研室编著的信息技术八年级下册第七课，在本节课的学习中，需要学生多动脑思考、多动手实践，运用前面六节课中所学的前进和转弯命令、变量、循环等知识来编写程序画出正多边形，并在此基础上尝试将正多边形的边改成其他形状。因此，本节课是一节总结练习课，是对前面所学知识的复习与综合运用，地位十分重要。

（2）学生分析：由于本节课是对前面六节课知识的综合运用，涵盖的知识点比较多，再加上一周一节电脑课的课时安排，学生对以前所学的知识点或多或少会有些遗忘，因此本节课的教学过程中应当以复习作为引入，然后慢慢运用所学知识做扩展，最后引导学生成功编写程序画出正多边形，从而达到知识的有效迁移。考虑到初中学生打字速度较慢，而编写的程序较长，为了本节课教学更加高效，可将基本程序编写出来后交给学生进行填空、模仿、修改，但是，由于本节课的上一节课是学习循环语句，因此在此过程中应该要求学生注意格式的标准。

在以上的分析中可以看到：①"for循环语句的应用——画多边形"要教授学生如何编写程序画出多边形并将边改成其他形状，其在知识的网络中起到承上的作用；②学生已掌握基本的命令及其使用方法，但由于学习间隔时间过长，学生对知识点有所淡忘，并且学生打字速度较慢而需要编写的程序却过长。

我们可以根据以上分析的结果进行教学策略的制订，做到备课时有据可依。接下来，我们需要进行备课的第二步：制订教学策略。

（二）教学策略助教学有效

在上一步课前的分析当中，我们知道了本课知识点内容和学生的实际情况，那么我们便可根据分析结果中的每一点进行教学策略的设计，以此做到逐点击破。如"for循环语句的应用"中：

（1）本节课需要学生利用for循环、角度转向和移位等知识进行程序的编写，并运用自己的想象力创作出与众不同的多边形。本节课需要学生动手去操作，动脑筋去想问题，所以课堂上更多的时间是让学生自己动手练习。

（2）对于知识的淡忘问题，本节课将采用"先回顾，后新授"的策略：课前，让学生回顾for循环的格式和用法并以小测验的形式——利用for循环画出正方形，加深学生对for循环的理解。

（3）本节课的最终目标是让学生创作出属于自己的正多边形，而这对于刚掌握for循环的学生来说还是比较困难的，因此这节课应当由浅入深，递进式地引导学生一步一步利用for循环画出不同的正多边形。

（4）本节课以实践为主，如果只是盲目地让学生操作，那么课堂的效率并不会太高，所以本节课的教学应通过自主探究和任务驱动让学生层层深入地进行学习，不但让学生学到知识，还让学生在学习的过程当中学到学习的方法，提高解决问题的能力，感受到成功的喜悦。如学生可以使用"多边形的角度.swf"进行探索和思考，并总结出画正多边形的规律。

以上教学策略的四点，无一不是根据分析的结果制订出来的。基于本节课知识的承上性以及学生对知识的淡忘问题，所以需要"先回顾，后新授"。本节课要求的操作性较强，因此本节课以实践为主，教授为辅，更多的时间由学生进行实践，教师在适当的时候进行引导，在教学方法上应采用自主探究和任务驱动统一结合的教学方法。

二、精心设计教学，实现师生互动，提高课堂效率

在有效教学中，最为关键的环节是如何有效地实施教学方案。若无法有效地实施，课备得再好也只是"纸上谈兵"，一切都是空谈。为了能有效实施教学方案，我们在实施的过程中需做到以下几点。

（一）情景预设让教学更有效

在实际的课堂教学当中，必定会出现许多状况，如果我们在情况出现的时候才去想如何解决，先不说是否能想出解决方案，就算想出方案来了，方案又是否合适呢？而这都将会对我们教学方案的实施造成极大的影响。在实施前，我们应尽可能地设想课堂中可能出现的情景，提前做好解决方案。在Python的课堂教学中，由于学生刚接触程序，所以出现最多的情况就是学生不知道符号怎样输入、程序格式出错等。对于这些问题，我们不可能在课堂上逐个地对学生进行解答，这样需要很多的时间和精力，降低课堂的效率。为了解决这些情况，我们可以在每次展示程序的时候加以强调，或者可以做出错误示范以此提醒学生，甚至还可以在学生操作实践的时候给学生提供样例。如：在"for循环语句的应用"课堂教学中，学生可能对for循环中在循环变量的末尾要加冒号及循环体语句组要退格这一知识点还不能完全掌握，甚至有些学生连冒号怎么输入都不清楚。所以我在制作课件ppt的时候，加上了键盘的图片并把冒号及位置标示出来，并且在学生操作实践的时候连同一个for循环的程序实例通过屏幕展示给学生。如此一来，便可集中解决问题，节约课堂时间，提高课堂的效率。

（二）合理分配时间使课堂更高效

我们都知道，工作效率=工作总量÷工作时间，那么在教学中，教学的效率又该如何计算呢？很显然，课堂的效率取决于学生在单位时间内学到了多少知识，领悟了多少东西。一节课40分钟，时间有限，因此课堂时间的安排极其重要。科学合理的时间安排，能使我们的课堂效率大大提高。那么怎样的时间安排才算是科学合理的呢？我认为有以下两点：

1. 要依据教学重点安排时间

教学重点是教学内容中最基本、最主要的知识技能，在整个教学内容中占有核心的地位，课程的教学都是围绕重点来展开。所以在课堂的时间安排中，课前的回顾、情景的引入等课堂导入阶段的时间不宜过长，应当把更多的时间安排在教学重点的教授与练习上，不然会造成"顾此失彼""反客为主"等现象，学生反而学不到重点知识，有效教学就无从说起。

2. 在课堂中弹性地调控

在实际的课堂教学中，不可能都如课前所想的那样顺利进行，我们可以根据学生实际的课堂情况或多或少地改变某一环节的时间。例如：本来安排了5分钟的练习时间，可是由于学生打字较慢、格式出错等问题导致大部分学生都不能在规定时间内完成，那么这时候我们就可以适当地增加几分钟的练习时间，以此达到练习的效果。

（三）教学实施是有效教学的关键

在教师入职培训时，有位名校长曾说过"教师应具备'五有六得'的素养"，其中"一得"便是"教学要得法"。的确如此，"教无定法，贵在得法"，要想课堂的教学是有效的，那么我们在教学的过程中就必须使用得当的教学方法来保证教学设计的有效实施。在课堂的教学中，我们不能仅使用一种教学方法，因为每种教学方法都有利与弊。例如：只使用教授法，虽然能把知识点都说清楚，但那很可能会出现"满堂灌"的现象，学生失去学习的兴趣与热情；只使用自主探究法虽然能给学生自由学习的空间，但也难以避免有些学生不自觉或是学生学习的方向有所偏离等问题。所以，我们可以尝试在教学中将多种不同的教学方法创新性地融合在一起，讲授法、自主探究法、任务驱动法等教学方法交错进行，不仅能使课堂的教学变得更为灵活，还可以使得学生能轻松地掌握重点知识。如我在"for循环语句的应用"的教学中，先是利用讲授法给学生讲授for循环的格式和使用，然后利用任务驱动法交给学生使用for循环画出正方形、正三角形的任务，随后利用自主探究法让学生自己使用"多边形角度.swf"寻找正多边形的角度旋转规律，最后引导学生做总结。多种教学方法的组合使用，不仅能给学生讲授该课的重点知识，还能保证学生自主学习和操作的时间，学生在这样的课堂中学会知识的同时，自主学习、自我思考、自己操作的能力也得到了提升，从而达到课堂有效教学的目的。

三、有效反思是有效教学的保证

记得叶澜教授有句著名的话——"一个教师写一辈子教案难以成为名师，但如果写三年教学反思，则有可能成为名师。"事实证明，在课后认真地对课堂教学进行反思，分析课堂中出现的问题，找出有哪些地方值得继续保持、哪些地方需要提高，将反思后的结果和经验带到下一次的教学中，这样做不仅能使教师本身的教学经验、教学素质得到提高，也能保证教学越来越有效。

（一）有思必有得

在实际的教学中，不可能像备课时想象的那样一帆风顺，有时候课堂中出现的突发情况必定会造成教学过程中出现一定程度的损失，不过"塞翁失马焉知非福"，或许也在这一过程中会得到更多。而这些失与得，只有在课后反思中提炼出来才能对我们日后的有效教学提供帮助。

在本节课"for循环语句的应用"中，采用由浅入深、层层递进的教学策略，让学生在复习以往所学知识的同时学习和掌握新的知识并能对新旧知识进行综合运用。在教学的过程中，能根据教学目标、具体的教学内容，以及学生的实际情况，将讲授法、任务驱动法、自主探究法等多种教学方法进行优化组合，使本节课的教学达到更好的效果。学生经过本节课的学习，不仅能熟悉for循环的使用，还能结合以往的知识进行灵活运用，通过自我探索、自我想象、自我动手创作出与众不同的正多边形。本节课课堂气氛比较轻松、愉快，学生乐学易学。课堂中更多的时间是让学生动手创作，在创作的过程中，学生不但学到了知识，也感受到创作的乐趣，真正地做到了寓教于乐。

（二）教师要积极引导学生学会自评，建立自信

课堂的教学是否有效，如果只是嘴上说说，那未免给人有些"口说无凭"的感觉。所以我们可以对课堂的教学设定一些量化的评价，以此来直观地评价课堂的教学效果。例如在"for循环语句的应用"教学中，我依照本节课的教学目的制作了一张评价表，让学生在课堂结束的时候进行自我评价，如下所示。

评估项目	掌握程度			我在本节课学习中的最大收获和不足
	较好	一般	较差	
掌握for循环语句的书写格式				
理解for循环语句的执行过程				
掌握range函数的使用方法				
应用for循环语句编程解决问题				
我的学习效果达到了_____级（填1~5级）				

表中所列的知识点都是教学目的中的内容，通过学生自评并上交给教师查看，可清楚了解学生是否掌握了本节课的重点知识，实现对本节课的教学最为

直观的评价。

美国著名的教育评价学者斯皮尔伯格说过一句非常精辟的话：评价的目的不是为了证明，而是为了改进。新课程标准的理念指出，课堂教学的评价应该既评"教"，更评"学"，重点关注学生。广东省初中信息技术教材也非常重视学生的课堂评价，每节课内容的最后都会有一个学生评估表让学生去完成。

根据学生的认知习惯，学案把教材静态评估表转变为动态的评估表，在"较好""一般""较差"空白处设置了一个渐变颜色的隐形按钮，然后设定了5分、3分、1分三种分值，另外在"收获和不足"这一栏中设定了一个得分程序，字数与分数有一个相应的比例关系。在新颖的表格面前，学生能更加积极地完成课堂学习评估。

总之，程序学习本来就是一项比较枯燥无味的活动，尤其是对于刚学习编程的初中生来说，我们应做到多关注，在关注学生的一言一行及教学设计的每一个小细节中，完成一节精彩充实的课，成为学生编程学习的引路人。学有所得、学有所获，谓之教而有效。为此，我们可立足有效，做好课前分析、制订得当的教学策略、设计有效教学。除此之外，让学生爱上编程，乐学编程，形成良好的思维习惯，影响学生一生的学习和处世。

参考文献

［1］顾红星.浅谈初中信息技术课堂教学的有效评价［J］.中国教育信息化.2011（12）：27-28.

［2］陈吉鹤.巧设问题，激活初中信息技术课堂［J］.中小学电教（下半月），2016（7）：97.

［3］庞维国.自主学习：学与教的原理和策略［M］.上海：华东师范大学出版社，2003.

探讨如何提高信息技术课堂教学效益

随着社会信息化的发展，信息素养日益成为信息社会公民素养不可或缺的组成部分。信息技术已经成为每一个人在学习、工作及生活中的一种必须掌握的技能，如今信息技术已经成为中学生的必修课程。学生刚接触信息技术课程时兴趣很大，可没多久，热情就消退了。很多学生对玩计算机很感兴趣，但对《信息技术》课却没有兴趣。究其原因，在于现行的教学方法和模式不适应信息技术课教学。那么如何上好信息技术课呢，下面谈谈笔者的一点体会。

一、依据学校、学生的实际情况，对教学内容进行合理取舍

现有的信息技术教材很少顾及地区的差异、学生知识面的差异、学校实验设备的差异，所以教师必须首先结合学校、学生的实际情况，对教材知识点进行合理取舍，选择精华、要点，避免面面俱到。这一点跟数理化等其他学科存在明显的差别。数理化等其他学科强调的是知识点的全面性和知识点之间的相互联系，而信息技术作为一种工具，侧重于某一方面的应用，各种应用所涉及的知识点彼此间较独立，联系较少。因此，我们对信息技术学科知识点的挑选存在比较大的空间。我们可从知识点的实用性、学生能够接受的程度、学校实验设备和社会需求等因素综合考虑。应避免全盘照搬教材，否则学生就会因为知识点太多、太难、实验设备不支持等因素造成对知识点不能很好地掌握，或掌握了却派不上用场。例如：讲授查询语句select的时候，其后面可带的参数有十余个之多。如果每个参数的意义都跟学生讲清楚，学生就会记不住，或因个别参数难懂而没办法理解，对学习select语句也就失去了的兴趣，学习效率就会降低，教师多花了时间却又达不到目的。在讲授select这个知识点时，我根据学

生现有的知识结构和select语句在实际编程的应用，挑选了教材中两个较常用、学生能够接受的参数进行讲解，其他参数一概不讲。结果学生很轻松地记住了这个语句并能灵活运用。

二、利用多媒体辅助教学手段，提高教学效率

信息技术课程中需要理解的理论部分往往比较抽象，仅靠传统的黑板教学模式很难取得较好的教学效果。其他学科如物理、化学对于这种问题一般都采用实验演示的方法来解决，可是并不是所有的抽象理论内容都可以用这种方法解决的，信息技术学科更是如此。所以改变教学手段，利用多媒体辅助教学成为必然的选择。信息技术教师利用多媒体教学有两种不同的方式：

（一）在多媒体教室利用CAI课件进行教学

适当使用多媒体课件进行教学可以获得较好的教学效果。将教学所需的数据、文字、图像、声音有机地融为一体，制作成相应的课件后，既可以重复使用还可以按照教学的需要随时调整课件各部分的组合。一个设计合理的多媒体教学课件可以有效地刺激学生的各种感官，提高其学习的积极性和效率。

一方面，为了节约时间，我们可以奉行"拿来主义"，选择一些现成的CAI课件进行辅助教学。这样既可以节省时间又可以减少重复劳动，提高工作效率。另一方面，我们还可以收集素材，根据自己的教学需要整理制作相应的课件来进行辅助教学。因为现成的CAI教学软件不一定适合自己的教学设计，难免和我们自己的教学内容有出入，这就要求我们利用各种能收集到的素材，通过Authorware、Flash、Powerpoint及"课件大师"等软件合成符合我们需要的课件。

（二）在机房利用教学软件广播教学

在机房里上课主要使用多媒体广播教学软件的广播功能完成班级集体授课。教师在教师机上的操作过程通过广播软件同步显示在学生机上，每个学生都可以仔细观察教师的操作。当教师演示操作完成后，学生可以立即模仿老师的操作过程，课堂教学效率得到极大的提高。因为信息技术课程极其重视操作技能，因此这种方式是目前信息技术学科的主要教学方式，其优点也是显而易见的。

三、提高学生兴趣、教学效果，大力提倡"任务驱动"教学模式

"任务驱动"是一种良好的教学指导思想，能使学生在更好的教学环境和氛围中体现自己的中心地位。下面以"搜索"一课的教学为例：要让学生明白掌握一定的搜索技巧有助于我们更快、更准地搜索到需要的信息。教学过程中我们紧抓知识脉络，将教学目标任务化，以任务为驱动，教学设计过程设计了国庆节去海南旅游的情境，请学生分别用分类查找的方法、关键字查找的方法查找去海南往返车次、海南景点、住宿酒店。实践证明，根据学生的兴趣和希望获得成功体验的心理设计的任务，使得每个学生的自主性和创造性都得以发挥，也使每个学生的心理和愿望得到满足。在积极、互动、协作的课堂气氛中，课程目标很好地得到了实现。

四、营造一种动态的、充满生机的课堂，培养学生自主探究能力

以往上课时往往会出现"一放就乱，一管就死"的局面，如何有效地调控课堂，把握好"管"与"放"的分寸，也是教师需解决的难题。一方面，按新课程的要求，在合适的时机、合适的阶段，教师必须增强对教学指导的开放性，要敢于"放手"，善于从学生身心发展水平和实际学习兴趣出发，让学生去主动探索，鼓励学生质疑、发表自己独特的想法，切忌将预设的教学目标，自己的经验、态度、价值观强加给学生，管得太死。另一方面要看到课堂教学的复杂性，教师在课堂教学中要常常随机应变，注意课堂要热闹而不混乱，即学生可以处在一种热烈研讨、你争我辩的自主学习氛围中而不能像闹市般地闹哄哄。这需要教师提高驾驭课堂的能力。

新课改提倡学生自主学习，这些理念对改革中学信息技术教学具有极强的指导意义。信息技术学科所要教学的知识可谓浩瀚无边，我们不可能完全掌握这么多内容，只能无限地提升，不断地获取。信息技术教师不可能掌握信息技术的每个知识点，更不可能把每个知识点钻研透后再去教给学生。同样，学生的知识技能也不可能完全依赖教师的教导获得。所以，要让学生更好地获取知识，紧跟上时代的发展步伐，就必须改变传统的"教师讲多少，学生学多少"的模式。教师要让学生进行自主探究，解决实际中碰到的问题，充分发挥学生

的主体性，使其积极主动地去获取信息，弥补自己的不足之处。只有这样，学生才能适应信息社会飞速发展的需要。例如，在讲"文件的下载"时，我是以文字的下载为示范，学生很容易学会。这时我设计了这样一个问题：很多网页上有漂亮的图片，这些图片如何下载呢？很多学生以为小菜一碟，动手一试才知道并不容易解决。有一些学生在练习过程中发现，图片是不能简单地复制下来的。这些跟学生实际学习和生活都紧密相关的技巧，我们要善于发现，并创造条件让学生通过自主学习，找出解决问题的方法，以充分发挥学生的主体性，锻炼他们独立思考的能力。

五、处理好课本与课件之间的关系

一些教师在用投影取代了课本的同时，也忽视了课本的作用。上课时，教师一直坐在教师机前，通过计算机与学生进行交流，缺少师生间的面对面的交流。所以，要上好一堂课，我们也要处理好课本与课件之间的关系，课本对学生掌握知识要起到主导作用，而课件应起到辅助作用，不能将两者的关系混淆。一个成功的教师在上课时经常能调动学生的积极情绪，而他靠的就是善于和学生进行交流，并及时调整课程的进程。

在信息技术教学中教师的任务是为学生获得知识创设情境，引导和帮助学生通过意义建构获得知识，让学生在意义建构的过程中进行创造。"授人以鱼，不如授人以渔"，信息技术具有内容浩瀚、广博、瞬息万变的特点，这决定了教师只能引导、帮助学生学习获取、处理信息的方法，让学生将其应用于学习、生活之中，从而提高自身的信息素养。

六、注重与其他学科的整合

信息技术课程要求培养学生的"信息素养"，当今社会要求学生不仅要具备信息技术知识和技能，更要有相应的信息素养（信息的获取能力、信息评价能力、信息组织能力、信息的创新能力、信息的应用能力）。我们在信息技术教学中，主动与其他学科进行整合，有利于开阔学生解决问题的思路，培养学生使用信息技术的意识和兴趣，培养学生和创造精神和实践能力。如在信息技术课程中经常会出现一些专有名词术语，这时我们可以配合英语学科教学，扩大学生的词汇量。又如在讲授"从ＷＷＷ上获取信息"这节课，我们可以与语文学科进行学科整合，引导学生通过网络搜索书本上介绍的名胜古迹，使学生在浓厚的求知氛围中不知不觉地完成操作技能的训练。

总之，我们进行信息技术课程的教学时，应该充分利用好多媒体教学手段及上机操作这一优势，并注重配合其他学科的教学，提高课程整合的质量。使学生掌握好信息技术这种终身受用的学习知识和提高技能的认知工具，培养他们良好的信息素养，从而大幅度提高教学质量。

参考文献

[1] 钟启泉，张华. 课程与教学论（第1版）［M］. 上海：上海教育出版社，2003.

[2] 桑赫尔兹. 信息技术与学生为中心的课堂［M］. 宋融冰，译. 北京：中国轻工业出版社，2004.

[3] 走进高中新课程编写组. 走进高中新课程［M］. 武汉：华中师范大学出版社，2004.

建构主义理论指导下信息技术
与课程整合的实践与思考

　　新课程倡导实施信息技术与学科课程整合。信息技术在学科课程和教育教学中的广泛应用，为课程教学的革新注入了活力，也提供了基础与可能。信息技术与学科课程整合，为学生认识和了解生活世界提供了技术平台，为变革学生的学习方式、培养学生的学习能力和新思维提供了技术平台，同时也为激发学生的学习主动性和积极性、培养学生的学习兴趣和动机、培养学生积极的学习情感和态度、优化学习生活质量提供了良好的环境支持。

一、建构主义学习理论

　　建构主义学习理论认为，学习是学习者在一定的社会文化背景下，借助其他人的帮助而实现意义建构的过程。因此，情境、协作、会话和意义建构是学习环境中的四大要素。

1. 情境

　　学习环境中的情境必须有利于学生对所学内容的意义建构，教学设计的过程中要考虑有利于学生意义建构情境创设问题，并把情境创设看作教学设计最重要的内容之一。

2. 协作

　　协作过程发生在学习过程始终，协作对学习资料的收集与分析、假设的提出与验证、学习成果的评价甚至意义的最终建构均有重要作用。

3. 会话

会话是协作过程中不可缺少的环节，学习成员之间必须通过会话商讨，商讨也包括自己和自己商讨，在此过程中每个学习者的思维为整个学习群体所共享。因此，会话是达到意义建构的重要手段之一。

4. 意义建构

意义建构是整个学习过程的最终目标，所要建构的意义包含事物的性质、规律及事物之间的内在联系。在学习过程中帮助学生学习意义建构就是要帮助学生对当前学习内容所反映的事物的性质、规律及该事物与其他事物之间的内在联系达到深刻的理解。

因此，对于学习，关键是建构，意义建构的能力反映学习质量。意义建构是学习者自我完成的，别人无法代替，教师的思维过程对学生意义建构有帮助但永远也无法代替学生自身。

二、建构主义理论指导下信息技术和课程整合的反思

尽管信息技术和课程整合具有强大的生命力，已成为教育界最热门的话题。并且很多学校大量投入经费，建成了档次相当高的校园网、多媒体教室，给教育教学注入生机和活力。但是，很多人对信息技术和课程整合仍然存在偏激和误区。

（一）对教育信息化的认识偏激

在教师中存在两种观点，一种观点认为信息技术是花架子，是装饰门面，对教学没有多大的作用，甚至有反作用。例如，计算机故障会影响教学进程，制作课件要花大量的精力和时间，只是在公开课、比武课中应用。另一种观点认为可以把课本教案习题复制到网上，代替黑板、粉笔，浏览代替讲课和板书等。以上观点都是不恰当的，两种观点都表现出对信息技术和课程整合的理论和实践认识没有得到深化，仍然是在传统的教学思考框架内打圆圈。

（二）信息技术和课程割裂

认为信息技术是计算机技术人员讲的专业课，甚至有的学校把计算机人员列为非教学人员，信息技术人员也认为自己是学计算机的，只要在技术上突出就行，不必研究课程。而一线教师则认为，课程就是自己所教的学科，还研究

什么信息技术等。其实，这是对课程理解狭窄，信息技术具有强大的功能，我们对学科知识的支撑和学科教学的改革、研究还远远不够。

（三）信息资源分散，没有进行统整

计算机网络最大的优势就是信息量大，浩如烟海，我们面临的挑战是在这个海洋中学会游泳而不是被它淹没。教育工作全体要进行筛选，分类梳理，是很困难的。学生同样也面临这样的问题，开展网络教学，学生会被杂乱的信息淹没。因此，更需要教师们集体协作，甚至校际进行大集团合作，建立适合老师教、学生学的资源库。

（四）资源开发商与教育界教师割裂

商业化的教育软件和资源，尽管有一线教师参与，但都是商业化的，设计是以盈利为目的，达不到理想的教学效果。

（五）教师对信息技术与课程整合研究不够

对课程理解不透，盲目使用，画蛇添足，备课的过程成了信息技术制作过程，往往是放演式、电灌式，学生的自主性、创造性、思维能力没有得到发挥，甚至包办代替，把一堂课上成看电影、放录像等。

不研究课程的重点与难点，不研究采取适当的方式方法来突出重点、突破难点等，这是青年教师普遍存在的问题。信息技术不能取代教师地位而成为教学的全部。其实只要教师能抓住课程教学内容的重点以最适当、最有效的方式传达出来，就可以达到所需的学习效果。

（六）教师对多媒体计算机技术的基本技能掌握不够

教师对信息技术专业知识与技能不熟悉，造成两个方面的问题：一是造成教师没有足够的时间进行开发与利用；二是多媒体网络计算机的功能不能得到有效地开发与利用，如制作Flash交互式动画，用几何画板探究数学规律，利用虚拟仿真实验室，用Dreamweaver开发网络课程等。

三、建构主义理论指导下信息技术与课程整合的功能

（一）丰富学科知识，激发探索热情

在各科教学中融入信息技术，如语文课展示课文背景，历史展示历史事件，地理展示各种地形地貌与各地风土人情，物理课展示科学家的探索经历

等，可以引发学生对学科知识的学习热情，激发学生的求知欲，促使学生主动去探索未知事物。

（二）创设教学情景，营造良好的氛围

建构主义学习理论指出：情景是意义建构的原材料，利用计算机进行场景或情景模拟，学校教育将不再受时空限制。例如："四季如春"设计者精心创设逼真的现实精美情景，巧妙的设计、精深的寓意不仅能强烈地吸引人去感知，而且模拟的情境具有更强的刺激性和感染力，更能激起参与活动者的思想共鸣，触发人的想象力，拓展思维空间。在形象思维中，想象力是最活跃的因素。爱因斯坦曾说过"想象力比知识更重要"，因为知识是有限的，而想象力概括着世界的一切，推动着进步，并且是知识进化的源泉。严格地讲，想象力是科学研究的实在因素，计算机情景模拟使抽象的形象化，不可见的可视化，历史的、远古的、未来的甚至幻想的都能历历在目，对稍纵即逝的自然现象，用模拟手法再现延缓过程发生的时间等，有利于形成良好的课堂教学情景、生动活泼的教学内容。

（三）优化学生认识，掌握思维规律

传统教学让学生走成功的捷径，以教师向学生灌输代替学生自我的思维活动。信息技术与课程整合，改变了传统的教学观念和方式，现代课堂教学不仅要在课堂上给学生提供展示聪明才智的机会，还要培养学生良好的思维方法。如利用应用软件Authorware、几何画板等，能够针对学科实际制作出一些动态的课件，不仅较好地表现事物内在联系和变化规律，并且能以问题驱动的方式，启发学生思维，引导学生更好地理解、掌握、发现规律，尝试寻找解决问题的途径，最终通过总结、分析来掌握事物的发展变化规律，即顺应过程。

（四）优化课堂教学结构，启发学生主动参与

教学的真正目的在于创设意义建构的环境，通过整合，让学生最大限度地活跃起来，通过网络协作学习，进行协作和会话，创设互动的情景动态网页页面，把师生为主的交流方式，改为师生间、生生间、组组间的交流方式，个人的、组内的思维为全体同学共享，克服了师道尊严和学生恐惧的心理障碍。在对话框中、网页帖子上可自由地发表自己的见解，实现了民主、平等、自由的课堂教学，学生可大胆地主动地参与。

四、建构主义理论指导下信息技术与课程整合策略

信息技术与课程整合，应依据各学科的具体实际来进行，即要根据学科的教学内容、教学目标、教学对象及教学策略，找到整合的切入点，并结合学科教学的各个环节来展开。可以遵循以下几个方面的策略：

（一）问题情境策略

利用多媒体计算机网络，创设问题情境，激发学生的学习兴趣，培养学生发现问题、探索问题和解决问题的能力。如教学课文《我的空中楼阁》时，设计为"我眼中的楼阁"和"我心中的楼阁"两个问题板块，用两组多媒体视频动画演示问题情境，激发起学生的探究兴趣。还可以引导学生学会使用Internet中的搜索引擎等查询工具，培养发现问题、独立解决问题的能力。

（二）真实情境策略

利用多媒体具有文本、图形、动画、视频图像、声音等多种媒体集成的特点，把教学内容展现在学生面前，让学生通过外部的多种刺激，迅速感知教学内容。利用网络共享优势，在课堂教学中可以即时访问远程主机，获取大量资源。例如，学习中学语文《威尼斯商人》一课，教师可以直接从网上调出有关威尼斯的网页，使没有到过威尼斯的同学领略一下水城优美独特的风景，将会更有利于其对课文内容的理解。

（三）模拟真实情境策略

一些具有危险性、不易或不宜真实接触的必修教学内容与学习内容，可以创设模拟现实情境来满足教与学的需求。如创建模拟法庭，现场进行演练，对学习具有极大的帮助；学生自编自演英语话剧，锻炼英语听说能力等。

（四）协作情境策略

利用网上交流工具创设协作化学习情境，对学生的高级认知能力的发展、合作精神的培养和良好人际关系的形成，有明显的促进作用。目前常用的协作式教学情境有竞争式、协同式、伙伴式和角色扮演等多种不同形式。如学习课文《赤壁赋》时，重点是理解江、月意象，体会诗人借江、月所抒发的胸中情意，设计让学生分成小组，上网查询有关江、月的诗句及意象特征，从比较中体会诗人的独特情怀。在学习过程中，学生共享信息，互相交流，共同完成对

课文的理解。

（五）创作情境策略

利用多媒体网络计算机创作工具平台，为学生创设一个充分发挥自己的想象、创作自己的作品或亲自动手模拟实验操作的情境。例如：为学生提供网络浏览器、文字处理软件和工具，创设网上作文创作环境；提供"几何画板"的创作工具平台，学生可以自己动手设计创作诸如"三角形函数图像性质"等应用小程序。

（六）因势利导策略

在各学科教学展开之前，教师可以先展示多媒体课件，向学生展现各种事物现象和发展过程，在学生对展现的内容感兴趣的情况下，教师因势利导，提出问题，铺设悬念，激发学生的好奇心和求知欲，进而引导学生进行深入的学习，可起到事半功倍的效果。

（七）实践感知策略

有些学科的实践内容，由于受到种种条件的限制，不能让学生亲临其境。通过信息技术，可以给学生呈现出一个真实的或者虚拟的学习环境，让学生通过体验，学会在环境中主动建构，积极建构，构筑自己的学习经验。运用模拟教学课件，或者计算机外接传感器来演示某些实验现象，向学生展示教学实践的过程和方法，并模拟动态的变化过程，帮助学生理解所学的知识，尽快掌握实践要领和具体操作方法。

（八）习作强化策略

将单调的练习，用计算机辅助练习的方式呈现，通过即时的反馈、强化，可以让学生尽快掌握学习内容，提高习作的效率。

（九）合作探究策略

在科技高度发展的今天，合作已成为人们相互作用的基本形式之一，成为人类社会赖以生存和发展的重要动力。在学科教学中，充分利用计算机网络，让学生在课内和课外进行合作学习、研究性学习，提高学生的综合素质和知识的应用能力。例如："台湾岛"一课中让学生围绕中国台湾情况，如民俗、经济、风光等进行分组选题，各组同学先是利用网上资源，围绕选题收集资料，下载并保存网上信息资源。然后每个同学根据选题需要，筛选、整理所收集的资料，并利用已掌握的信息表达工具写出一篇小论文。每组根据组内同学意见和观点完成一篇所选题目的研究报告在全班进行发表。每个同学都将文章发布在校园网上，并与其他选题相近的同学，通过E-mail或聊天室交流意见广泛合作探究。通过这种方式，学生不仅能较好地掌握学习内容，并且可以提高自学、探究、表达和合作的能力。

（十）自主探究学习策略

信息技术与课程整合，为学生的自主学习提供了一个良好的学习环境，教师可根据教学目标对教材进行分析和处理，决定用什么形式来呈现什么教学内容，并以课件或网页的形式呈现给学生，学生接受了学习任务以后，在教师的指导下，利用教师提供的资料如CD-ROM或利用Internet自己查阅资料，开展个别化和协作式相结合的自主学习。该策略主要培养学生分析信息、加工信息的能力，强调学生在对大量信息进行快速提取的过程中，对信息进行重整，加工和再应用。最后，师生一起进行学习评价、反馈。教师在学生学习过程中，提供基本框架、总目标、指导和建议，起到组织者和促进者的作用。

（十一）寓教于乐策略

在学科教学中，利用计算机教学游戏软件，把科学性、趣味性、教育性集为一体，能够激发学生的学习兴趣，寓教于乐，由此锻炼学生的反应速度、决策能力、操纵能力。此外，利用信息技术媒体，开展艺术欣赏、制作比赛、学生作品展示等活动，亦能激发学生的学习热情，有助于学生掌握知识，发展能力，培养创新意识，提高创新能力。

总之，建构主义理论指导下信息技术与课程的整合，要求我们全体教师更新教育理念，改进教育思想，改变教学方式，并把学生创新精神和实践能力的培养作为教学工作的重中之重。除此，还要认真做好信息技术与课程整合的各项工作，以培养高信息素养的创新人才。

参考文献

[1]乌美娜.教学设计[M].北京：高等教育出版社，1994.

[2]李龙.教学过程设计[M].呼和浩特：内蒙古人民出版社，2002.

[3]李克东.信息化学习——信息技术与课程整合的核心[J].电化教育研

究，2001（8）.

［4］祝智庭. 现代教育技术——走进信息化教育［M］. 北京：高等教育出版社，2002.

［5］加涅. 教学设计原理［M］. 皮连生，译. 上海：华东师范大学出版社，2000.

聚焦"双减"——初中创客机器人
编程校本课程开发与实施

　　《教育信息化"十四五"规划》明确提出要"以习近平新时代中国特色社会主义思想为指导，全面贯彻党的十九大和十九届历次全会精神，深入贯彻党的教育方针，落实立德树人根本任务，遵循教育规律，利用技术赋能，更新教育理念，变革教育方式，着力构建线上线下、校内校外有机融合的教育体系，形成新时代面向每个人、适合每个人、更加开放灵活的教育新格局，发展更高质量更加公平的教育，培养德智体美劳全面发展的社会主义建设者和接班人，提升教育现代化水平，办好人民满意的教育。"为此，本文在我校初中创客机器人校本课程的基础上摸索进行了初中信息科技课程的教学改革，力求在教学中取得更好的教学效果。

一、开发初中创客机器人校本课程的必要性

（一）创客教育

　　创客教育是一种基于自主学习和创新实践的教育方式，旨在培养学生的创新思维和潜力。它通过提供开放的学习环境和丰富的资源，鼓励学生通过动手实践和合作创作来探索和解决问题。创客教育的目标是培养学生的创造力、问题解决能力和团队合作精神，使他们能够适应未来社会的需求和挑战。对学生来说创客教育具有重要作用。

（二）机器人编程教育

　　机器人编程教育以培养学生的创新意识、创造思维为目的。通过机器人编

程教育可有效地提升学生的逻辑能力、创造能力和实践能力，并将这些能力平衡，从而提升总体的综合能力。创客校园机器人编程教育对于学生来说，是具有很大意义的素质教育，其具有丰富的项目设计空间和巨大的项目实施空间。学生动手设计并搭建自己心目中的机器人并赋予其程序，可以帮助学生由浅入深地了解、学习机器人制作过程。这种教学方式与传统教育模式最大的区别就是可以培养学生自主构建学习能力，对青少年学习如何面对未来人工智能十分有益，这也是校园创客教育的终极价值。

二、开发初中创客机器人校本课程设计与教学实施

学校开发创客机器人校本课程，目的是培养学生解决问题和动手的能力。未来社会更需要学生有实践经验，有新的想法、创造力和新思考方式。在解决问题的过程中，创新思维是培养解决问题能力的核心，它可以帮助学生发现多个可能的解决方案，寻找替代方案，挑战假设，并提出新的想法，帮助学生解决问题，使学生自觉地学习、获取新知识，从而培养学生的合作能力，提高其沟通能力及充分表达思想的能力。它的核心理念是"做中学，玩中学"，传达的观念是让学生充分体会学习的乐趣，让学生成为整个学习过程中的主导者。创客机器人编程课程具体内容及课时分配如下表所示。

课题	内容	课时数	模块
初识机器人	了解机器人，认识机器人基本模块及编程软件，实现几个简单功能	4	基础
搅拌机	搅拌机的类型，搅拌机在生活中的应用，掌握轴传动知识	1	基础
我为家乡添光彩	显示字符串模块，等待时间，模拟：电子屏	1	能力
红绿灯设计	彩灯模块，等待时间，while循环，模拟：多方向红绿灯工作	3	能力
胆小机器人	音量测量模块，电动机模块，模拟：音控投石车	3	能力
垃圾分类与回收	了解如何回收垃圾，具有环保意识，学习触碰传感器	2	能力
安全路闸	电动机模块（控制角度），触碰传感器	2	能力

课题	内容	课时数	模块
模拟投票器	彩灯模块，触碰传感器	4	能力
导盲机器人	触碰传感器，变量的定义及使用，for循环，while循环，设计导盲机器人	4	综合
玩具的创新设计	光电传感器，变量的定义及使用，if结构，while循环，童年玩具大改造	4	综合
青蛙机器人	自主搭建青蛙机器人，掌握两栖动物的相关知识，设计程序使青蛙动起来	2	创意
拉力机器人	力的特性，机器人的作用，自主设计多形态的机器人	2	创意

三、多种教学方式开展初中创客机器人校本课程教学

（一）通过团队合作，提高协作能力

团队协作是指在课堂上教师分派给学生工作，并要求学生之间通过协作来共同完成作业。这种教学方法培养了学生组织与合作的精神，提高了初中学生的信息素养。因此，在初中的信息科技课堂上，可以使用创客机器人进行小组学习，学生可以自己组装和调试机器人，可以自主学习、调查和提出问题。例如，在"玩具的创新设计"教学中，老师给学生们播放《黑客帝国》中的有关程序的片段，以及一些常用的传感器图像，让他们对传感器有一个初步的认识。然后，教师可以拿出真实的传感器，并让学生近距离地观察它们的外形。在此基础上，教师可以根据光电值的测量结果，引导学生对传感器的工作过程进行探讨与实践。这个时候，教师可以让学生们自行分组、分派任务，每个人都要有具体的任务，譬如一个人负责系统的运行，一个人负责循环的操纵，其他人可以对这个过程进行监视和建议。然后，在完成了任务之后，教师可以挑选出若干个机器人，让它们重新展示作业流程，帮助学生更好地理解。通过团队协作，使学生能够相互学习、相互帮助，从而使知识结构更加完整。同时，通过团队合作和实际操作，学生的团队合作精神、协作能力和动手能力得到了进一步的提高，最终提升了学生的信息科学素养。

（二）通过体验教学，提高操作能力

在课堂上采用体验式教学，可以从不同的角度引入本节课的主题，评价学生的完成情况，从而丰富学生的情绪体验，突出学生的主体性，加强学生的动手能力和创造力，使学生在体验中高兴地学习。例如，在"胆小机器人"的专题课上，教师播放有关动力的影片，让他们细心地看。接下来教师可以问：机器人的动力来自何方？给学生足够的时间去思考和解答。在此基础上，教师利用课件向学生讲解齿轮传动的基本原理，并以"胆小机器人"为例向学生讲解机器人的各个重要结构。然后，教师可以让学生进行合作学习，给他们充分的时间来进行探讨和实际操作，使他们能够更好地了解整个工程的完成过程。最后，教师可以挑拣出优秀的作品进行展示和评论，并激励其他团队继续努力。教师还可以让学生在课后观察自己身边的相关事物，看看其他机械是否也是如此。教师利用多媒体手段将学生引入课堂，在教学中重视学生的体验，通过视觉和实践感，把学生放在课堂的中心，不仅可以提高其实践能力，还能激发他们对信息科技的兴趣，最终提高课堂的教学质量。

四、开展初中创客机器人校本课程有效教学的感悟与反思

（一）设定教学目标

教师必须使学生明白学习内容有哪些，同时积极给学生提供自我展现的舞台，使学生获得体验成功的乐趣及在失败中成长的感觉。

（二）提高学生的科学素养

尽管各学科之间的知识体系有很大的差别，但都有内在的联系，对于一项成果的产生要运用多学科的知识来解决。创客机器人教学为学生提供了知识综合应用的平台，实现知识的融会贯通。更重要的一点是，校本课程中涉及的所有内容都可以通过机器人制作体现出来，对后期课堂教学的深入奠定了良好的基础。例如，机器人的搭建组装涉及结构对整体的影响。有的学生在制作好之后发现机器人不走直线，喜欢往一个方向偏移，而且左右摇晃严重。这些问题可能是由于电池盒安装的位置偏高，导致重心不稳出现摇晃，也可能是在用螺丝连接零部件时，某一部分螺丝拧得过紧，导致前后摆动频率不一致。这一系列现象恰恰可以结合教材中谈到的"影响结构稳定性的因素"来分析解决。再

如机器人零件的安装需要有明确的流程，某些流程中的环节允许颠倒，但有些必须要按照固定的顺序进行。在进行分析讨论的过程中可以使学生对流程的认识更加清晰透彻，使其能够很好地体会到合理的流程对生活和生产产生的重要影响。

（三）培养严谨的学习态度

经过创客机器人制作课堂教学，学生在观察能力、耐心专注力方面都有了显著的提高。敏锐的观察能力、耐心专注力是每个人不可缺少的素质，是人的非智力因素，对学生的学习起着很大的作用，这些都可以从后天的实践中培养、提高。例如，在创客机器人制作时，大多数学生注意力都非常集中，能够对机器人的运行进行仔细观察。比如，观察传感器的灵敏度够不够；观察电机的转速是否一致，轮子的转速是否出现偏差导致传感器失效；是否因为电池的电量不足，传感器不能及时接收传感信号等。学生们得到的是都是他们经过大量的实践、观察、归纳的结果，通过不断地尝试，不断地调整和修正，最终机器人按照目标完成预定任务。在这一实践过程中学生的意志得到锻炼，耐心专注力得到了提高，心态得到了磨砺。有个学生对我说："老师，从创客机器人校本课程中，我学到了很多，我看到了自身的不足，尤其是我急躁的性格是我的致命伤，虽然理科是我的强项，但每次都拿不到高分，就是由于马虎导致自己的成绩没有整体的提高。今后我一定会努力改正自己的不足。"听到这番话，我由衷地感慨：如果这项活动能够持续地开展，这种有效教学模式会使更多的学生提高自我认知，这对其以后的学习乃至人生都有重要的意义。

五、开展初中创客机器人校本课程有效教学评价原则

《基础教育课程改革实施纲要（试行）》提出，"建立促进学生全面发展的评价体系""建立促进教师不断提高的评价体系"和"建立促进课程不断发展的评价体系"，它明确了学生、教师和课程自身是课程评价的价值主体。正如有的学者所说，"校本课程开发的价值追求有三：学生个性发展、教师专业发展、学校特色形成。"

具体评价内容及指数分配如下表所示。

评价内容	自我评价	组内互评	教师评价
科学探究	☆ ☆ ☆ ☆ ☆	☆ ☆ ☆ ☆ ☆	☆ ☆ ☆ ☆ ☆
问题意识	☆ ☆ ☆ ☆ ☆	☆ ☆ ☆ ☆ ☆	☆ ☆ ☆ ☆ ☆
自主学习能力	☆ ☆ ☆ ☆ ☆	☆ ☆ ☆ ☆ ☆	☆ ☆ ☆ ☆ ☆
创新创造能力	☆ ☆ ☆ ☆ ☆	☆ ☆ ☆ ☆ ☆	☆ ☆ ☆ ☆ ☆
合作意识	☆ ☆ ☆ ☆ ☆	☆ ☆ ☆ ☆ ☆	☆ ☆ ☆ ☆ ☆
任务完成度	☆ ☆ ☆ ☆ ☆	☆ ☆ ☆ ☆ ☆	☆ ☆ ☆ ☆ ☆
科学方法	☆ ☆ ☆ ☆ ☆	☆ ☆ ☆ ☆ ☆	☆ ☆ ☆ ☆ ☆
创新方法	☆ ☆ ☆ ☆ ☆	☆ ☆ ☆ ☆ ☆	☆ ☆ ☆ ☆ ☆
作品完成度	☆ ☆ ☆ ☆ ☆	☆ ☆ ☆ ☆ ☆	☆ ☆ ☆ ☆ ☆
创新思维自我反思：			

六、结语

创客机器人教育作为信息科技教育的创新试点，使学生在信息科技学习上的兴趣被发掘出来，使教师的课堂教学、学生的学习实践发生了积极的变化。在"双减"的大环境下，创客机器人教育作为培养学生信息科技能力的基础课程，需要紧跟时代潮流，彻底改变仅教授信息科技知识的传统观念，通过开发创客机器人校本课程，在教学情境的设计中针对学生的基本情况，提高学生主动学习的热情，培养学生的创造性思维方式，让学生在"做中学"，推动学生创新意识和动手能力的不断提升。

参考文献

[1] 孙胜.浅谈机器人教育促进中小学生创新能力的培养 [J].考试周刊，2018（21）：12，14.

[2] 王小根，张爽.面向创客教育的中小学机器人教学研究 [J].现代教育技术，2016，26（8）：116–121.

［3］曾祥潘.基于开源硬件Arduino的小学机器人微型课程内容设计［J］.中国现代教育装备，2012（18）：75-76.

［4］朱轶，曹清华，单田华，等.基于Android、树赛派、Arduino、机器人的创客技能教育探索与实践［J］.实验技术与管理，2016，33（6）：172-206.

先学后教、当堂训练、构建高效课堂

当前，教学策略的相对落后已成为信息技术新教材有效实施的短板，不合时宜的教学方法与新教材的编写理念大相径庭，满足不了新教材有效实施的需要，以至于我们的信息技术课堂缺少应有的学习氛围，学生们的信息素养停滞不前，教材更渐渐沦落为课堂上可有可无的摆设。因此，我们急需要一种符合新教材编写理念、能满足新教材有效实施需要、能创建信息技术高效课堂的教学策略。这究竟是一种怎样的教学策略？我一直在寻觅……

一、蓦然回首，他在灯火阑珊处

"先学后教、当堂训练"教学策略早已在其他学科大放异彩，能否把它移植到信息技术课堂上？通过分析我发现，"先学后教、当堂训练"教学策略与信息技术新教材的编写理念非常匹配，它把学生推在前台，尊重学生的个性发展，变被动接受为主动学习。众里寻他千百度，这不就是我所寻觅的能创建信息技术高效课堂，促进新教材有效实施的教学策略吗？但"先学后教、当堂训练"教学策略怎样才能为我所用？我一直在探索……

二、工欲善其事，必先利其器

随着"先学后教、当堂训练"策略在信息技术课堂上的不断探索应用，我欣喜地发现，学生们的学习热情提高了，能主动积极地开展学习活动，敢于大胆提出自己的见解，乐意相互交流讨论。"好风凭借力"，这一策略要用得好，开放、互助、活泼、有序的教学环境是必要的，当中包括组建学习小组、重组教学内容、创建教学资源等。

（一）建小组

和谐、有序、活泼的学习小组是"先学后教、当堂训练"策略得以有效实施的重要保障。根据"组间同质，组内异质，男女混搭，优势互补"的分组原则，我会把学生分为帅、将、士、兵四类："帅"类学生信息素养最强，有较强的组织协调能力，当仁不让成为小组的管理者和技术指导；"将"类学生对信息技术较为熟悉，且求知欲望强烈，平时能管理好自己，是"帅"的左膀右臂，能全面协助组内工作；"士"类学生聪明、活泼，有一定的信息素养，但自控能力较差；"兵"类学生接受能力较差，学习无方法，还可能有些自卑。课堂分组就是要将这几类学生合理搭配，根据座位情况和班级人数，组建类似"帅将将士士兵"的学习小组。在小组协作时，由"帅"类学生分配任务，部署全局，"将"类学生有的放矢地给"士"和"兵"类学生做技术指导，并且分担纪律管理的工作。这样，在课堂上每个学生都有事做、有思考、有提高，从而能最大限度地激发学生的学习热情，真正发挥小组协作学习的"战斗力"。

（二）立规矩

无规矩不成方圆，为保障合作学习落到实处，我制订了"课堂合作学习公约""学生课堂评价表"，让组长对成员进行课堂参与状态、讨论交流状态、思维状态、课堂活跃度、学习任务完成情况等学习指标评定，目的是促进小组成员主动融入协作学习中。另外，通过订立"军令状"构建"帅"和"兵"的成绩共同体，施行捆绑式评价，即根据学困生的成绩变化，对优等生的学分成绩进行加分或减分，形成合作学习的保障机制。定期表彰是必不可少的激励制度，我会定期根据各小组的课堂表现、学习效果、学习热情等进行小组以及个人的表彰。此外，我还制定了"元帅"联席会议制度，利用课后3~5分钟时间集中小组长，倾听小组长的学习感受及遇到的问题，有针对性地调整教学策略。

（三）用教材

教材是重要的学习资源，学习上遇到的很多问题可以借助于教材解决，但信息技术课堂上学生普遍缺乏使用教材的意识和方法。如何才能使教材成为学生自主学习的工具？我尝试编写导学案，从学生的认知水平出发，对教学内容进行重新构建，发挥学案的导学牵引作用，通过问题的探究，激发学生的学习动机，使其明晰每节课的学习目标、内容、重难点、学习方法，并以网络为载体发布共享学案，使学案具备交互性、开放性、共享性。学案内容一般包括学习目标、学习内容、学习方法和策略指导、课堂任务、自我评价、作业等。

（四）建资源

网络的交互性和开放性能为学生的协作学习提供支持。因此，我专门建立了一个学教一体的网络学习平台，把"导学案"及各种学习资源集成到学习网站中。设计的栏目主要有：学习目标和重难点解读、学习任务、学习方法指导、作品发表和评价、资源素材、学习体会等。只要学生申请注册成为用户，就能自如地下载学习资源、开展网上交流、接受在线指导、发表学生作品……例如，我为教材八年级第二章建立了专题的学习网站，学生可以自由地获取制作"魅力一实"多媒体作品所需的资源、得到学习方法上的指导、发布作品、开展交流、实现互动评价。以下是该专题学习网站的架构、规划图。

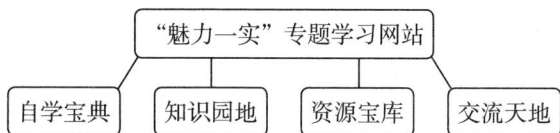

```
            ┌──────────────────────┐
            │ "魅力一实"专题学习网站 │
            └──────────────────────┘
      ┌────────┬─────────┼─────────┬────────┐
   ┌──────┐ ┌──────┐  ┌──────┐ ┌──────┐
   │自学宝典│ │知识园地│  │资源宝库│ │交流天地│
   └──────┘ └──────┘  └──────┘ └──────┘
```

三、细雨入水，相融无痕

"先学后教、当堂训练"策略在信息技术教学中的应用可以划分为五个步骤：情景导入—问题先学—任务探究—反馈后教—评价拓展。先以引人入胜的教学情景唤起学生的学习兴趣；接着用"问题牵引法"引领学生进入先学阶段；然后使用"任务驱动法"驱动学生开展协作式探究学习；接下来教师针对学生在探究过程中暴露的共性和典型问题进行析疑点拨；最后师生一起进行学习评价、反馈。下面结合八年级第二册（下）第一章"探寻IP地址的奥秘"具体剖析"先学后教，当堂训练"策略在中学信息技术教学中的应用。

（一）情景导入阶段

"教学的核心不在于传授知识，而在于唤起学生对知识的渴望与追求"，因此教师要充分考虑教学实际创设满足教学需要的多种多样的教学情景，积极营造真实的、和谐的教学氛围，激发学生学习的兴趣，提高学习效率。例如，在"探寻IP地址的奥秘"一课，为了让学生们能最近乎真实地体验自己电脑的IP地址的状态，我安排每个学生：

（1）修改自己的电脑IP地址为192.168.0.机器号，子码掩码为默认，网关为192.168.0.1。

（2）点击"开始"的"运行"菜单，输入"cmd"，按"Enter"键。

（3）输入"ping+其他同学的IP地址"，再按"Enter"键，观看屏幕上的信息变化。

让他们观察运行ping命令的效果并思考当中的原理，天生爱玩的学生一下炸开了锅，他们的学习热情被一下子调动起来，你一言我一语地交换自己的想法，接着我不失时机地把学生的热情迁移到本节课的学习上，我"鼓动"学生们行动起来，使其了解选用不同的IP地址会出现不同情况。得益于有效情景的创建，学生们在本节课的学习中始终保持着高度的学习热情，高效地完成了本节课的学习任务。

（二）问题先学阶段

这个阶段要求学生做到四个明确：明确自学的内容与范围，明确自学的方法，明确自学的要求，明确学习时间。我的做法是采用"问题牵引法"把"先学"的内容串联起来，"问题"的作用相当于自学提纲，指引学生一步步明晰所要学习的内容，弄明白该如何一步步开展探究学习。只有学生心中有底，才会乐于展开思维活动，主动投入学习中来，从而提高学习效率。"问题"会放置于自主学习平台上，方便共享与交流。例如，在"探寻IP地址的奥秘"一课中我抛给学生"请概括本课的学习内容""看书找出本课要学习的三个新知识"等问题，借此激发学生的学习内动力，促使他们在积极的情绪状态下认真思索，大胆探求事物的本质。

（三）任务探究阶段

这个阶段学生会通过自主学习平台获取学习任务，并在自学提纲的引导下开展探究活动，学生可以依据问题的难度（基本任务和拓展任务）采取自主学习或小组协作学习的形式进行。这时候教师不能袖手旁观，要走入学生间，察言观色，了解学生的学习情况，有效的课堂巡视不仅能很好地沟通师生感情，指导学生学习，督促学生端正学习态度，养成良好的学习习惯，同时还是教师获得信息反馈的一条重要途径，为"后教"的有效开展提供依据。教师的课堂巡视要做好以下三方面工作：

1. 两头巡视，辅助教学

一头是"帅"类学生，因为探究过程中的一些奇思妙想、出人意料的闪光点往往集中出现在这批学生身上；另一头是"兵"类学生，一方面因为在他们当中极易暴露出有代表性的、共性的问题，另一方面"兵"类学生往往依赖性比较强，教师要少批评多鼓励，耐心辅导，让学困生感到学有靠山。

2. 关注细节，培养习惯

巡视可以注意并帮助学生改正一些不良的学习习惯，帮助他们养成专心听讲、独立思考、勤于动脑、认真、细致等的学习习惯。

3. 营造氛围，情感交流

课堂也是师生感情交流的阵地。巡视过程中教师对学生的一个微笑、一个点头、一个肯定会给予学生莫大的鼓励。上课的过程中，如果有学生发呆，我会用简单的问题"点醒"他，并借机表扬他，鼓励他要继续努力，好好听课，争取更大进步；如果有学生"开小差"，我会暂扣他玩弄的东西，并要求他以专心听课、认真学习的表现来换回物品。创设良好的学习氛围是重要的，但轻松、和谐的学习气氛同样不可少。因此教师要关注课堂上的每一个细节，因为每一个举措往往都能成就一份情感的交流。

（四）反馈后教阶段

在后教过程中，及时、准确把握学生遇到的问题是关键。我通过三种途径达成，一是巡堂过程中收集所得；二是利用"自助学习平台"的学习论坛功能，让学生把遇到的问题及时反馈到平台上；三是问题收集簿，对学生遇到的关键问题进行记录。

对学生已经掌握的，教师可以略讲或不讲，但必须帮助学生提升对知识的理解和运用，而对于学生普遍存在的问题或典型错误，教师要有技巧地教，着重引导学生思考问题，发现规律，总结方法，解决问题。如教师可以把问题抛回给学生，让小老师回答或组织学生共同探讨。在这个过程中，如果学生讲对了，教师要肯定，不必重复；讲得不完整、深度不够的教师要补充。例如：在"探寻IP地址的奥秘"一课，我发现学生普遍对IP地址的作用理解不到位。于是我专门设计了两个探究性实验，让学生在实践中体验、在体验中认识。

探究性实验1：

1. 分两组，修改IP地址分别为192.168.0.机器号，网关192.168.0.1；129.168.0.机器号，网关为129.168.0.1。

2. 点击"开始"下的"运行"菜单，输入"cmd"，按"Enter"键。

3. 输入"ping+其他同学的IP地址"，按"Enter"键，观看屏幕上的信息变化。

探究性实验2：

参照实验1，6个同学为一组，设计C类IP地址，利用"ping"命令查看是否能直接通信。

思考：选用不同的IP地址会出现什么样的情况？

（五）评价拓展阶段

评价拓展应力求做到"三化"：知识的深化、能力的转化、学习方法的固化，而这"三化"主要是通过建立学生的电子成长记录档案来实现的。我在自主学习平台上专门搭建了一个FTP空间，让学生以个人账号建立成长记录档案，档案的内容包括：①"学生个人信息"，包括个人情况、联系方式、信息技术学科奖惩情况、学习目标、学习计划等。②"我的学习记录"，存放的是每一节课的学习活动记录表，它是教师根据授课内容而设计的，记录人包括自己和组长，对学习的实际情况进行记录。③"我的作品袋"，学生在课堂上完成的作品或作业都收藏在这里，用来记录和展示学生能力和成就。④"我的资料库"，用来存放学生利用信息技术手段获得的学习资源，如一些从网上下载的视频、音乐图片、文章、软件等，目的是让信息技术成为学生学习的一种工具，从中也可以培养学生对信息的获取、分析、处理和应用能力。⑤"我的学习博客"，让学生把学习过程的体验与反思，以文本的形式记录于博客。这种做法使学生清楚地发现自己的长处与不足，便于相互交流，收集别人的意见，从而明确下一步的改进目标。⑥"我的成长曲线"，结合每一节课的课堂表现、作品质量、同学评价、教师评价综合量化为分数表示（A、B、C、D级分别用5、4、3、2表示），再利用Excel生成统计图表，以此直观反映学生的整个学习过程，为学生的自我调节及教师教学策略的调整提供依据。

"好风凭借力，助我上青天"，只要能创设合理的教学情境，激发学生"先学"的自主能动性，能引导学生投入探究学习中，能及时做出准确有效的"后教"，能对学生的表现做出积极的评价，相信中学信息技术高效课堂之花必定能在"先学后教、当堂训练"策略的滋润下美丽绽放。

参考文献

刘金玉. "先学后教，当堂训练"：破解五大难题［J］. 中小学管理，2009（5）：16-19.

践行"教学做合一"思想
打造高效课堂模式

陶行知是我国著名的教育家,他的"生活即教育""社会即学校""教学做合一"的教育思想在现今新课改中仍具有强大的生命力和很高的现代价值,特别是他的"教学做合一"的思想对构建初中信息技术高效课堂有着多方面的启发和指导意义。

一、陶行知"教学做合一"思想内涵

"教学做合一"是陶行知先生生活教育理论的教学论思想。所谓"教学做合一"即教育现象之说明。陶先生说:"在生活里,对事说是做,对己之长进说是学,对人之影响说是教,教学做只是一种生活之三方面,不是三个各不相谋的过程。"教学做是一件事,不是三件事。我们要在做上教,在做上学。在做上教的是先生;在做上学的是学生。从先生对学生的关系来说,做便是教;从学生对先生的关系来说,做便是学。先生拿做来教,乃真教;学生拿做来学,方是真学。在陶行知看来,"教学做合一"是生活法,也是教育法,它的含义是教的方法要根据学的方法,学的方法要根据做的方法,"事怎样做便怎样学,怎样学便怎样教。教而不做,不能算是教;学而不做,不能算是学。教与学都以做为中心。"

陶行知对传统的教育和教学的弊端进行了深刻的探讨,批评了那种"拿学生来配书本"和"拿书本来配学生"的教学,因为这样的教学其结果必然是"先生收效很少,学生苦恼太多"。当教师的应该做到,学生怎样学就怎样教；学生学得多就教得多，学得少就教得少；学得快就教得快，学得慢就教得慢。在教学做中，做是学的中心，也是教的中心，在做上学，在做上教，方能收到最佳效果。这里的"做"，按陶行知的解释为"劳力上劳心"，把"劳力上劳心"作为"做"的基础，把"做"作为"教学做合一"的中心。

二、构建初中信息技术高效课堂的策略

信息技术高效课堂是我们每位教师不懈追求的目标。高效课堂是指在教学活动中，用最少的时间和精力，取得尽可能大的教学效果，实现特定的教学目标。那么，信息技术高效课堂应该是什么样子呢？借用冯伯虎老师的话来回答，"理想中的信息技术课堂是以学生为主体，教师为主导，活泼有序，以工具为载体，以技术方法为主线，轻松而讲究绩效。"对于我们信息技术教师而言，这取决于我们的教学设计能力。对此，笔者提出以下建议：

（一）教学设计上，整体思考，以主题贯串

这就要求我们对使用的教材相当熟悉，备课时从整体教学观出发，进行整体思考、单元备课，即不仅要熟悉各个学习阶段信息技术课的教学内容，而且要对全学年或整个学期的教学有一个全盘计划，依据学生认知过程及兴趣，打破教材中的章节界限，实现知识与技能的最佳重组。教师要注重课程内容的生活化，充分注意课程内容与学生现实生活的联系、与学生经验世界的联系，促进学生运用来自现实生活的个性化经验去理解、去把握所要学习的知识。如"多媒体信息的获取与加工"一课是围绕着"图片合成"这一主题进行设计的，共包括6个课时，整个主题活动本身涵盖了一个单元的教学内容。"动手创建网站"一课则是针对网页设计，共14课时。这样做的目的是从整体上对教学内容进行把握并加以统筹安排，然后具体研究每一节课的教学目标、教学内容，确保前一节课是后一节课的基础与铺垫，后一节则是前一节的继续延伸与拓宽，从而实现对教学目标、教学内容的整体与局部的双重把握，保证相关内容的连贯一致，保证学生学习的循序渐进。

（二）把握课堂教学中的契机，关注课堂教学的生成，挖掘课堂本身所蕴含的教学资源

课堂教学不可能一直按照教师预设的情形进行。在师生教学互动过程中随

时可能出现没预设到的情形，学生在回答问题时一个意外的答案，或者是在操作演示时得到一个标准答案之外的答案。这些都是课堂上随机生成的资源，如果我们善待它，也许它就能"一石激起千层浪"，给我们的课堂教学带来意外的精彩和收获。如果对这种随机生成的资源视而不见，实际上就是一种对教学资源的浪费。

例如，在广东高等教育出版社信息技术第二册（上）的"制作多媒体演示作品"一课中，对PPT中的"调整对象进场顺序"这一知识点，课前教学预设时，教师是计划放在任务二中讲解的。而在实际教学时，学生在任务一中进行演示时，设置的古诗就已经出现了"对象进场顺序"出错的情形。这位教师并没有为了节省时间，忽略这个"错误"，继续按照自己预设的教学进行下去，而是抓住这个的错误情境，让学生展开探究找出错误的原因及解决的方法。这样对"调整对象进场顺序"的知识点的教学就水到渠成了。这种做法既节约了教学时间，又提高了教学的有效性，激发了学生的学习兴趣和培养了学生探究能力。这种双赢我们何乐而不为呢？

又如，有一次，在进行网页制作教学时，许多学生在网页制作过程中发现计算机速度突然变得很慢，将制作的网页保存后重新打开，却没有了内容。我的第一感觉是有病毒，查看文件夹，发现每个文件夹下都有desktop.ini和folder.htt这两个文件，知道是电脑感染"新欢乐时光或其变种"病毒所致，于是我告诉学生："这种情况是因为计算机病毒在捣鬼。"有个学生问："你怎么知道是中病毒了？"我灵机一动，觉得这是让学生学习"信息安全"知识的一个好时机。于是，我就以相邻的四位同学为单位进行分组，以小组竞赛方式引导学生到网上去搜索有关计算机病毒的资料，然后思考"计算机是否中病毒了？若是，中了什么病毒？"，这样就使学生的学习兴趣和积极性高涨。之后我又让曾有过电脑中"毒"经历的学生现身说法，师生一起交流得出感染计算机病毒的症状及严重后果，以及计算机病毒的基本防治方法。在这一过程中既巩固了学生的"信息检索"知识，又培养了学生分析问题、解决问题的能力。

要使课堂教学具有生成性，教师首先要有尊重学生，以学生发展为教学目的的价值观念，这样就不会出现因太过在乎教学进度、教学目标的达成而阻碍教学的生成。课堂教学的生成性要求一定要将课堂教学的主动权交给学生，这一点尤为重要，学生没有主动地思考、体验，甚至评价，就不会有精彩的生成。教师不能用犀利尖刻的语言去指责可能来自学生的恶作剧，而是要巧妙地化弊为利，去指导学生用积极的态度去面对学习和生活，同时躬下身来用真诚和信任去和学生沟通交流，没有那种标签式的情感教育，却有如涓涓细流滋润学生的心田。

（三）回归生活世界，在做中学

陶行知所说的"做中学"就是通过学习让学生学会探究，学会动手操作，学会分析问题并解决问题。探究学习和自主学习是"做中学"所采用的主要学习方式。作为教师要充分相信学生的能力，让学生自己动手去解决学习中的问题，特别注重让学生勤思考、多发问，鼓励学生质疑、求异、争论和发表创见。教师要关注每一个学生，使学生敢于质疑追问，主动学习，积极合作探究，教师的责任只在于启发与引导。学生知识的获得与能力的形成必须经过自己的实践才能完成。初中信息技术课程的终极目标是培养学生的信息素养，其实质就是让学生运用信息技术解决生活中的实际问题，学会利用信息技术进行学习，这就要求我们的信息技术教学要回归学生的生活世界。

回归学生的生活世界，其实质就是要求信息技术教学要贴近学生的经验。教学活动只有贴近学生的经验才能激发起学生的兴趣，调动起他们的积极性，从而促进学生主观能动性的发挥，确保教学的顺利展开。简单地说，经验包括学习经验和生活经验，教学中可以采用的做法是利用学生已有的经验创设出学生所熟悉的情境，在一定的情境中引出教学内容。例如，为了让学生理解资源管理器的原理，有位教师举的例子非常经典：让你从抽屉里的一大堆物品中找咖啡冲剂，恐怕很难快速找到。如果把一大堆物品分类保存在贴有不同标签的盒子中，那么你就可以迅速找到。通过"物品的分类存放"这种生活经验来比喻资源管理器将计算机资源分类存放的原理，生动贴切，学生很容易理解。

贴近经验并不等于完全与学生的原有经验保持一致，通过恰当地设置认知冲突，就能引发学生的好奇心与求知欲。在"声音的采集与加工单元学习活动"案例中，教师让学生欣赏用伴奏音乐与女声演唱合成的歌曲，从而吸引学生的注意力，勾起学生的好奇心，接着播放通过CoolEdit软件加工而成的男声版歌曲，使学生产生怀疑，最后现场演示利用变声软件实现女声变男声的过程。

这样，通过与学生已有经验的冲突引出"声音的编辑与加工"的话题，极大地调动了学生的创作积极性与探究欲。利用经验激发兴趣仅仅是迈出了教学的第一步，作为教师，我们还需要考虑如何使学生的兴趣得到保持。例如，有位教师在讲授Photoshop图片合成的最后拓展阶段，读了一个通知：学校要举办校园艺术节，所有参赛的同学都要穿上统一的文化衫，想请全校同学来设计这件文化衫，从中选出最佳的设计作为这次校园艺术节的文化衫样式。这个通知掀起了本节课的高潮，激起了学生利用所学知识进行创作的热情。在教师的精心引导下，学生不断地发现问题、解决问题，同时他们的兴趣也在发现问题、解决问题中得以维持。

（四）培养学生学习方法的策略

从注重单一知识的传授，转向学习方法的培养，构建开放、互动式课堂。孔子曰："学起于思，思源于疑。"学习首先是一种思考过程，而不是一种思考结果。现代学习理论认为，学习是学习者利用学习资源，主动建构意义的过程。根据这一理论，教师在教学过程中的角色发生了根本的改变，教师的职责不仅是传授知识和技能，更重要的是运用有效的教学策略引导学生去发现问题，形成问题，解决问题。布鲁纳曾经指出，"人唯有凭借解决问题和发现问题的努力才能学到真正的发现方法。这种实践经验愈积累，就愈能将自己学到的东西概括为解决问题和探究问题的方式，掌握这种方式，对他将来解决各种各样的问题都是有效的。"

新课程提倡"自主学习"，信息技术教师该如何引导学生学会自主学习？这要求教师在注重知识、技能传授的同时，还要关注学习方法的培养。首先，教师在给出教学任务之后，通过组织学生共同研讨、分析任务，尽可能让学生自己提出解决问题的步骤、策略与方法，或者通过引导学生对现有作品及其素材的分析，推测该作品制作的方法、步骤及可能遇到的问题。其次，合理调整教学顺序，改变以往"置疑→教师讲解、示范→学生模仿练习"的教学方式，提倡"先做后学"或"做中学"，即"置疑→学生探究→教师指导"的教学方式。信息技术是一门技术性、实践性很强的学科，教师应引导学生在"做中学""学中做"的过程中充分提升自身的信息素养。再次，还应注重培养学生使用软件寻求"帮助"和观察屏幕提示的习惯，使学生能够利用计算机提供的"帮助"和人机对话等途径来解决学习中所碰到的问题（包括计算机上新知识、新软件）。同时，教师还要注意培养学生利用网络获取帮助的能力。

课例：PS图像合成的综合实践

1. 学情分析

通过前几节课的探究学习，学生对图像的合成技术有了一定的基础，并且均跃跃欲试，有一展风采的想法。

2. 分组活动（按照座位分布，以2~4人为小组单位）

任务：按小组制作作品。

要求：注意保存Photoshop源文件，以便进行后续修改等其他操作。

① 以小组为单位上传作品的源文件。每组上传2~4篇作品及作品"评价表.doc"。

② 利用指定的素材，确定一个主题进行自由创作。

③ 注意构图合理、颜色和谐、主题鲜明、画面富有表现力。

④ 组内合作互助，指定的组长要负责监督本组每个人的任务完成情况：上传作品，对自己的作品给出客观评价并进行修改。

⑤ 时间：一节课。

3. 评价指标

评价内容	评价指标	评价等级		
		欠佳	一般	优秀
内容 （30%）	所合成的图像能表现一定的主题，并能适当添加文字表现主题			
	画面美观，色彩协调，整体感觉好，给人以美的感受			
	所选择的素材能恰当地表现作品的主题			
技术 （30%）	能将不同的图像拖动到同一幅图像中			
	能更改图层的透明度			
	能使用索套、魔棒等工具			
	能使用羽化、滤镜等功能			
创造性 （30%）	素材之间的搭配有新意和创意			
	能在图中运用多种技术手段，创造出特殊的效果			

续表

评价内容	评价指标	评价等级		
		欠佳	一般	优秀
创造性（30%）	主题构思独特，有创意			
道德价值（10%）	所合成的图像内容健康，积极向上，符合道德规范，不粗俗，不低级趣味，不侵犯他人的尊严与人格			
综合评价及修改建议				

以主题方式由学生自主学习、创作作品，并不是放任学生，教师在巡视学生制作过程中，要充分发挥优势学生的带领作用，引导学生积极开展组内的合作，及时发现问题，予以解决。

三、结束语

总而言之，陶行知"教学做合一"思想是一种科学进步的教育思想，具有强大的生命力和重要的现实意义。教师在进行初中信息技术教学的过程中，需要创造性地吸收其"教学做合一"思想精髓来指导教学工作，从而全面提高学生的信息素养。

参考文献

[1] 张新立，回归生活世界，信息技术教学的诉求 [J]．中小学信息技术教育，2009（1）：28-29，66.

[2] 付丽玮．浅谈"做中学，做中教"的教学模式 [J]．成才之路，2011（2）：72.

[3] 陶行知．陶行知全集 [M]．成都：四川教育出版社，2005.

[4] 成为左．让学生真正成为学习的主人——江苏泗阳中学"1+1"高效课堂的实践与探索 [J]．教学与管理（中学版），2010（6）：2.

[5] 苏霍姆林斯基．给教师的建议（修订版·全一册）[M]．杜殿坤，译．北京：教育科学出版社，1984.

基于STEM教育理念的初中
Python语言编程教学设计

一、STEM教育理念概述

STEM教育（STEM Education）是以培养实用型、创新型、综合型人才为目标，通过项目式学习、任务驱动、创新实践等手段，倡导以行动为根本，以解决问题为导向，提高学生分析问题、解决问题能力的跨学科教育。学科教学设计以STEM教育理念为基础，注重学生核心素养的形成，注重对知识和技能的掌握程度和运用能力。教师在教学设计与实施过程中，要将核心素养融入学习过程的各个环节，充分尊重学生的认知规律，厘清知识的内在逻辑，有序推进课程活动，帮助学生实现知识建构和迁移运用，从而形成核心素养。

二、基于STEM教育理念的Python教学设计

（一）STEM教育理念下Python教学的可行性分析

我校推行"Python创意编程与趣味课堂"课程教学，通过对编程课程的课程目标、课程内容、课程教学模式与STEM模式进行整合分析，证实了Python与STEM教育具有互适性。所以，STEM教育理念为Python课程提供了可能性，让教学成为现实。

（二）进行教学设计时如何增强学生的学习动力

1. 把学生的好奇心放在第一位

当面对自己感兴趣的内容或者是与自身联系密切的内容时，人往往会表现出更强的学习动机，因此，在进行教学设计时，要将学习材料与学生的兴趣联

系起来。例如，在学习AI编程时，结合当下与之联系最紧密的主题，如围棋人机大战，以及如何建立虚拟的现实世界等，尽管这些内容难以理解，但是学生们兴趣盎然，并且这些材料中深层次的东西对学生以后的发展至关重要。

2. 把握预设问题的设计，激励学生酝酿生成性问题

教师基于教材内容对问题进行预设，强调教材的基础性地位和主体性地位，体现了对文本的尊重。同时，也必须体现对学生的尊重，激励学生积极思考，生成问题。过多的预设问题容易造成对生成问题的忽视，但过多的生成问题也不可避免地会影响到预设目标的达成，影响到教学计划的执行。要始终把握好预设与生成的关系，不管是预设还是生成，都要为有效的教学设计服务，为正确的价值导向服务，为学生的健康发展服务。

3. 创设竞争与合作的机会

学习挑战不仅可以激发学生学习热情，还可以激发学生学习潜能；合作可以弥补学生自身实力的不足，各展所长，各得其所。在进行教学设计时，教师可以让学生分小组完成一个项目，在完成项目的过程中，可以很好地培养学生之间的竞争与合作意识。

（三）STEM教育理念下的Python语言编程的教学设计

1. 教学目标设计

以STEM教育理念下的课程目标为基础，着重培养学生的程序设计能力和思维能力，运用跨学科的知识解决问题。本文试图将Python语言程序设计的核心素养导向课程目标设置为"树立正确价值观，形成信息意识；数字化协作探究能力提升，创新精神发扬光大；恪守信息社会法规，践行信息社会责任"。

2. 教学内容设计

通过学习Python语言，培养学生的计算思维能力，是初中Python课程的教学重点。主要分为了解Python认知阶段、学习Python阶段、应用Python Project阶段，每个阶段要求不同。

三、运用项目式组织教学，提高学生的思维能力

（1）项目式教学法具有以项目为主线、教师为指导、学生为主体的特点，所以这种教学方式比较适合程序化设计教学。笔者认为基于STEM教育理念的

Python教学比较适合采用项目式的教学方式，采用这种方式可以将前前后后的知识点整合在一起。通过项目式的教学方式，使学生在学习新知识的同时温故知新，融会贯通。通过一个个专题，把所有零散的学过的知识串联起来，让学生觉得学过的知识终于有了收获，并产生了强烈的愿望，希望利用信息化手段解决实际问题，这会让学生有成就感。

（2）分组讨论，促进任务驱动。在教师为学生讲解了Python程序语言后，会为学生设定一定的任务引导学生进行实践操作，真正地利用Python程序语言进行问题的解决，然而学生自身的信息素养和编程能力是存在一定局限性的，如果教师单纯地让学生个人进行Python程序的设计，那么势必会减缓学生完成程序设计的进程。所以为加快教学的进度，应使学生在独立设计之余，发展合作能力。

四、以教学过程为中心，以优化教学方式为主要内容

（一）基于问题的学习应用案例

基于项目的学习Based Project Learning（简称PBL），又称基于问题的教学法、问题驱动的教学法等。随着时间的推移，在二十世纪末到二十一世纪初这段时间，美国科学教育学者提出了STEM教育的概念。当时研究社会学习理论的教育专家发现，STEM教育的概念与社会学习理论是相通的，所以他们为学习者提供了一种新的学习模式，即以学习者为中心的基于项目的学习理论。基于项目的学习理论并不遵循传统的教学过程，而是打破了先学习后解决问题的流程。

（二）基于活动的教学设计案例

以"编写'简易计算器'程序"为例，本节课为一节校本课程，采用自学探究、问题研讨、讲解结合的方法向学生展示了如何编写一些简单的计算器程序。教学中多采用阅读型活动的形式，学生通过看书、阅读材料、观看演示、交流讨论、探究实践等方式学习本节课的新知识。教师引导、提示、点拨，使学生的主体作用得到充分发挥，观察分析能力得到提高，实践能力、协作能力、知识运用能力得到培养。

（三）基于情境的教学设计案例

以"程序的多重选择结构"为例，以"广州汽车限行问题"为引线，引导

学生分析思考找到解决问题的方法，掌握if-elif-else多重选择结构的语句格式及程序设计。提出问题：你知道今天限行尾号是多少吗？广州出台的尾号限行政策和学生的生活息息相关，轻轻松松地就将学生的学习积极性调动起来了。课堂任务采用分层教学法。任务设置分基础题目、提高题目、拓展提升题目，题目有一定的梯度，可实现分层教学。为了更好地提高课堂40分钟的效率，采用半成品节省了设计界面所用的时间，使得学生的工作集中在程序设计和调试上，学生在参与中体验到了成功的喜悦。

（四）基于尊重学生学习的教学设计案例

空气质量的好坏直接影响着人们的身体健康。环境监测部门准备对本市的AQI（空气质量指数）值进行分析研究，为了避免极端数据影响，使研究数据能更客观反映整体情况，研究人员想计算出本市各县（区）AQI值的中位数，请你编写程序帮他求出来。

可以自己进行项目创作，比如用随机函数制作"抽奖器程序"。

如何提高心算能力呢？可以借助计算机游戏来提高心算能力。现在我们就来编写一个加法心算游戏。教师让学生自己做项目，随机生成心算游戏加法等。

在STEM理念下的Python编程教学设计，需要立足于培养学生的跨学科学习能力和知识迁移能力，在项目实施过程中充分尊重学生的个体差异。在满足大部分学生学习特点的基础上，需要在项目实施过程中充分尊重学生个体差异，促进学生个性化发展，不仅要重视Python课堂上知识和技能的学习，更要重视其他学科知识的迁移，让学生在潜移默化中形成跨学科思维。培养思维的重要性远远大于知识的传授，要明确Python项目教学的正确导向，培养学生的跨学科学习意识，同时组织学生积极参与各项AI创新编程大赛的活动。相信Python编程在今后的初中信息技术课程教学领域会有更大的发展空间。

参考文献

［1］嵩天，黄天羽.Python语言程序设计教学案例新思维［J］.计算机教育，2017（12）：11-14，19.

［2］管光海.STEM教育实践中的问题与建议［J］.中国民族教育，2018（7）：3.

第三章

高效课堂构建

益智休闲游戏——打地鼠

科目	人工智能
课题	第一章第五节第五课益智休闲游戏——打地鼠
授课时数	1课时（40分钟）
教学形式	多媒体教学 任务驱动、讲练结合、作品引导、案例结合
教学目标	知识与技能： 1.编程知识点：重复执行、变量、随机数、布尔运算。 2.积木知识点：控制、运算、变量、侦测。 过程与方法： 通过项目的体验、任务的拆解、任务的逐个完成，培养学生解决实际问题的能力，使学生养成良好的学习习惯。 情感态度与价值观： 1.通过一系列教学活动培养学生善于观察、乐于尝试、独立思考、积极探索的品质。 2.趣味的项目式学习，培养学生科技创新意识，提升学生信息素养
重点难点	1.理解"随机数"的概念。 2.掌握"布尔运算"的概念，并能够灵活运用

一、教材分析

本节课是针对我校开展人工智能活动——扣叮创意编程教学内容安排的，包括"变量""随机数""布尔运算"等内容。在学习本节课内容前，学生已能基本熟练操作扣叮创意编程平台，对事件、动作、外观、声音等编程积木块的使用也有了一定的了解。通过本节课学习，学生在巩固之前所学积木块的同时，继续学习"变量""随机数""布尔运算"等编程知识点，为后续掌握更多交互性知识点做好铺垫，通过结合学生熟悉的打地鼠游戏教学，让学生在掌握相应知识点的同时，更积极主动参与后续编程学习，激发学生的创造欲。

二、学情分析

我校是一所面向全市招生的学校，学生的整体水平参差不齐，由于各种条件的限制，信息素养、信息观念不强，学生的课余时间多是玩一些无益的手机游戏、刷短视频等，在以科技创新能力评价一个国家综合国力指标的现代社会，应开阔学生的科技视野，培养学生创造力，因此我们开展了创意编程这门课程，旨在营造科技氛围，让学生积极地参与。自开展这门课程以来，学生反响强烈，兴趣盎然，但由于学生计算机基础知识薄弱，因此在开展编程课时，内容设计上应尽量从贴合学生感兴趣的易理解的案例着手。本节课就是以学生经常玩的游戏为项目进行学习，在结合学生前面所学知识点的基础上，进一步学习新的程序命令，在实践与探索中逐渐培养学生分析问题、解决问题的能力，促进学生各种良好习惯的养成。

三、教学策略

以游戏情境引出本课课题→通过体验熟悉、好玩的"打地鼠"游戏，引导学生明确本节课所要完成的项目任务→对项目任务分解，掌握完成项目流程的方法→将项目分解成几个小任务→通过微课、尝试等方法自主、合作学习，尝试完成各小任务→在实践过程中提出问题，逐一解决问题→作品评测，疑难解答→课堂小结。

四、教学过程设计

教学环节	教学内容	教师活动	学生活动	设计意图
情境引入	游戏"打地鼠"介绍	介绍游戏规则	回顾游戏乐趣	激发学生对新知的求知欲
作品体验	学生体验游戏	让两名学生上台体验游戏，并说说体验游戏的流程	带着以下问题看同学体验： 1. 我们要完成一个什么样的作品？ 2. 作品中有哪些角色？ 3. 每个角色分别做了什么	通过体验程序流程表述活动，让学生掌握完成一个项目的一般步骤

教学环节	教学内容	教师活动	学生活动	设计意图
作品拆解	把要完成的作品拆分成4个小任务	引导学生分解游戏流程,把游戏拆分成几个小任务	说说本节课所完成的项目能分成几个环节,应该怎么完成	理解程序流程图,掌握项目式学习方式
任务实践探究	完成本节课4个任务	引导学生逐一完成每个小任务,教师巡视指导,反馈小结	通过网络资源、微课视频自主学习	学生通过发现问题、解决问题这一过程,体验学习乐趣,培养学生良好学习习惯
拓展实践与创作	完善游戏,提升可玩性	引导学生自主创新,继续创作作品	通过交流、讨论,创造自己独特的作品	通过协作学习,在创作中巩固所学内容并感受各种积极情感的熏陶,培养学生创新能力
总结	总结编程知识点	反馈本节课问题	提交作品	系统巩固本节课知识

五、板书设计

希沃一体机固屏如下图所示。

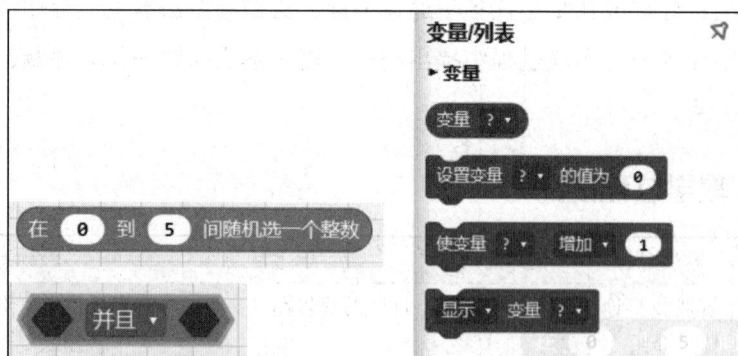

六、课堂评价

(1)从各小组中选出代表作品展示、点评,奖励优秀小组和个人。

（2）学生完成自评与互评，教师查看评价并点评。

（3）对学生作品进行评价，通过展示作品进行激励教育，实时了解学生掌握情况。

七、本课小结

1. 编程知识点

重复执行、变量、随机数、布尔运算。

2. 积木知识点

控制、运算、变量、侦测。

3. 任务面板

任务一：让地鼠随机出现。

任务二：让锤子动起来。

任务三：锤子敲击后，地鼠回到洞里。

任务四：获得得分。

八、教学反思

信息素养是信息时代公民应具备的基本素养，人工智能的快速发展更是推动了人们生活方式的转变和学习意识的提升。中小学生学习扣叮创意编程能培养学生的信息化素养，拓展学生的知识架构，提高学生的逻辑思维能力，激发学生学习信息技术的兴趣。通过积木块拖拽完成编程，用简单的图形化编程引领学生掌握编程知识，形成逻辑思维，了解项目制作，发挥无限创意，培养创造能力，满足了当代青少年的探索欲。

在本课教学活动中，课堂学习氛围较好，学生参与度较高，学生对知识点的操作反馈也较好，重难点突出。

整个教学过程中，我感觉做得比较好的是：

（1）通过游戏激发兴趣和任务驱动、微课视频、网络资源等自主学习方式，培养了学生的创新能力，创新了教学模式。

（2）课堂以学生为主体，教师为主导，鼓励学生充分发挥课堂主动性，积极参与课堂的互动。学生整节课都是在教师的引导下自主地去学习，教师没有将教学任务一个一个地去讲解，很好地培养了学生分析问题、解决问题的能力。

（3）学生都有好奇心，受当今科技氛围的影响，学生能很好地向教师指引的方向学习。

（4）信息技术课堂要注意学生的思想教育，切勿让课堂变成游戏娱乐课而影响学生。

个人觉得今后需要努力的方面：要加强对开展科技创新实践课程所需的相关理论的学习，以积累教学经验。

for循环语句的应用

科目	信息技术
课题	第一章第六节第七课 for循环语句的应用
授课时数	1课时（40分钟）
教学形式	多媒体教学 任务驱动、讲练结合、作品引导
教学目标	知识与技能：巩固Python语言中的if-else语句和取余运算符%，了解并学会while循环结构及其用法，学会使用条件表达式控制循环次数。会用while循环重复执行相同的语句，会用while循环画出不同颜色的图形。 过程与方法：鼓励学生通过自主探究、小组合作等方法解决问题，在学习中不断经历分析思考、实践求证、反馈调试的计算思维过程，进一步熟悉Python语言的编程环境。 情感态度与价值观：培养学生学习计算机科学的兴趣，体验信息技术与生活的密切联系，养成严谨的科学态度
重点	掌握while循环结构的组成和用法，进一步熟悉Python语言的编程环境
难点	1.掌握for循环结构中用循环控制循环次数。 2.理解循环的执行过程

一、教学过程

（一）复习旧知，引入新课

1. 复习程序的顺序结构

前面我们讲过程序的顺序结构。计算机在执行程序时，按照从上往下的顺序依次执行语句，这样的结构称为顺序结构。

2. 复习程序的分支结构

有时候处理问题时，如判断一个数字是否为偶数，需要根据某个条件进行判断，然后再决定程序的执行过程，这种程序结构称为分支结构。前面我们所学过的if-else条件语句就可实现条件的判断。

条件判断语句的执行过程如下：

if<条件>：

　<语句组A>

else：

<语句组B>

课件出示if-else语句的基本格式，让学生说一说使用if-else语句时，格式上要注意哪些问题。

师：指定学生回答以下问题，师根据回答出示课件。

9%3==？ 9%5==？ a%b==0表示a能被b整除。a%b==x表示a除以b余数是x。说说运算结果是什么，以及%是什么运算符。

（二）主动探究，学习新知

1. 用while循环语句绘制七彩虹

师：同学们，遇见彩虹，遇见希望与美好。如果想用Python中turtle库绘制七彩虹，需要怎么做？追问：要输入7条同样的语句麻不麻烦？有没有一种简便的方法一次搞定？当然有！

下面这段代码是画等边三角形的，不过是用while循环语句画的。

```
import turtle
i=1
while i<=3:
    turtle. forward（100）
    turtle. left（360/3）
    i=i+1
turtle. done（）
```

我们运行一下来看看（在教师机上运行一下）。追问：用while语句是不是很快、很方便？这就是让我们的Python循环起来的while语句（切入课题）。while在英语中有"当……的时候"的意思，在Python中是一种循环语句，只要条件成立，就可以重复执行很多次，相当于Scratch中的重复执行。

2. 通过对比两个程序，引出循环概念。学生通过初步练习，理解循环语句的功能及特点

（1）理解while语句的格式功能。

师：演示课件，while的语句格式及功能，并讲授语句格式。

while<条件表达式>:

循环体（语句组）

（2）执行过程。

while循环首先判断所给条件表达式是否成立，若循环条件成立，则执行一次循环体，在执行完循环体后，重新判断条件是否成立，不断这样重复，直到条件不成立时才结束循环。while循环语句执行过程如下图所示。

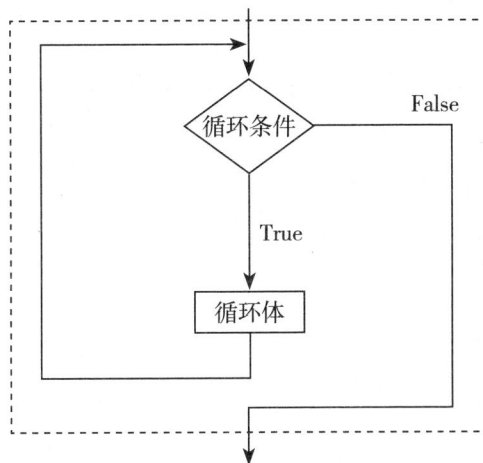

（3）注意事项。

为避免while语句无休止地执行循环体（死循环），循环体中一般需要有使循环趋于结束的语句，以保证在经过有限次循环后能结束循环。

（三）运用知识解决实际问题，在探究中深化对while语句的功能及程序设计方法的理解

1. 通过编写程序，要求学生初步掌握while语句的程序设计

（1）以绘制黑白圆形为例，复习顺序结构的程序设计方法。

师：我们学习了程序的基本结构——顺序结构，并运用一些语句绘制了不同的图形，现在请同学们来完成下面的任务。

任务一：绘制一组由小变大的圆。

已知：圆心的坐标为默认的坐标点，最小圆的半径为10，相邻半径之差为10，编写程序绘制5个由小变大的圆。

（用课件，显示题目要求及运行结果）

师：用什么语句？

生：绘制圆的语句。

师：圆的半径分别是多少？

生：10、20、30、40、50。

设计意图：复习巩固旧知识（顺序结构、绘制圆的语句），使学生自觉进入教学情境。

［学生操作］上机调试程序，绘制圆。

教师巡视答疑展示学生程序，并写出程序代码：

```
import turtle
turtle. circle（10*1）
turtle. circle（10*2）
turtle. circle（10*3）
turtle. circle（10*4）
turtle. circle（10*5）
```

程序运行的结果如下图所示。

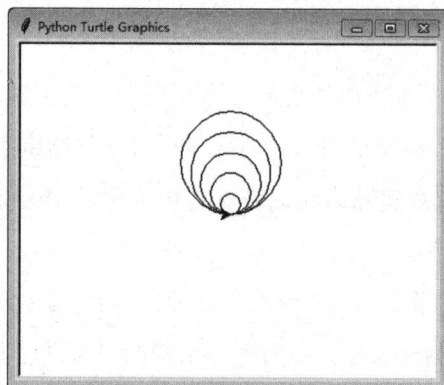

（2）对完成画圆的程序采用while循环程序结构设计，对比顺序结构，让学生初步建立起循环结构的概念。

［分析并解答问题］

师：仔细观察以上程序语句中相同的部分是什么，不同的部分是什么。

生：坐标相同，半径不同。

师：如果将以上程序语句中的半径用变量r来代替，语句将如何变化？半径r的取值范围是多少？相邻半径之间的间隔是多少？

生1：10到50。

生2：r按10递增。

设计意图：激发学生的学习热情，使学生积极思考、主动参与。

师：通过上面的程序代码，我们不难发现这段代码实际上重复了同一个操作，turtle.circle（10*r），只不过每次是有规律地变化而已。我们可以使用Python提供的循环语句来实现这种重复操作功能。

教师展示用循环语句完成上述操作的方法，给出程序代码及运行结果。

```
import turtle
r=1
whiler<=5:
    turtle. circle（10*r）
    r=r+1
```

师：同一个问题，我们可以采取不同的方法解决问题，而且第二种方法使用的语句更简练。

设计意图：对比两种解题方案，让学生感知高效解决问题的方法。

任务二：豆豆想编写下图的黑白图形，你能帮助他吗？

程序运行的结果如下图所示。

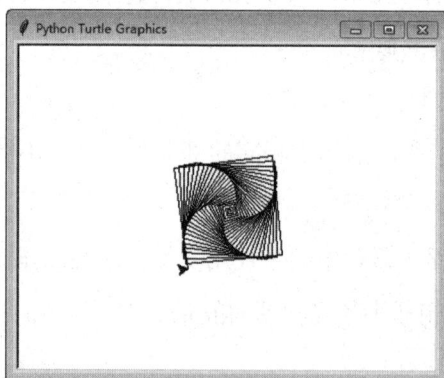

① 思路分析：while循环让小海龟每次循环画一段2*i长度的线段，并且左转91°，共循环100次。

② 代码清单：绘制黑白图形。

```
import turtle
i=1
whilei<100：
    turtle. forward（2*i）
    turtle. left（91）
    i=i+1
```

2. 通过编写和调试程序，让学生掌握用while循环解决实际问题

任务三：绘制4种不同颜色的彩色图，先要设置背景色为黑色，线段颜色按红色、黄色、蓝色与紫色的顺序循环绘制。

可配合使用上一课所学的条件判断语句，思路如下。

循环体内第一步：如果i%4==0，那么就让小海龟画红色的线。

循环体内第二步：如果i%4==1，那么就让小海龟画黄色的线。

循环体内第三步：如果i%4==2，那么就让小海龟画紫色的线。

循环体内第四步：如果i%4==3，那么就让小海龟画蓝色的线。

（1）算法描述。

```
import turtle
turtle. bgcolor（'black'）
```

```
i=1
while i<100:
    ifi%4==0：turtle. color（'red'）
    ifi%4==1：turtle. color（'yellow'）
    ifi%4==2：turtle. color（'purple'）
    ifi%4==3：turtle. color（'blue'）
    turtle. forward（2*i）
    turtle. left（91）
    i=i+1
```

程序运行的结果如下图所示。

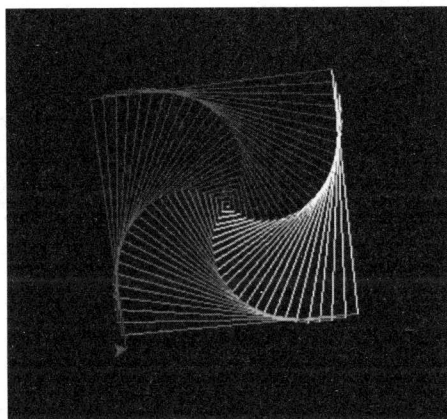

设计意图：这是个拓展任务，学生通过对运算符、颜色进行调整，制作出不同色彩的图形。

师：通过改变表达式和颜色值，我们能得到不同的效果图。

（2）拓展空间，满足不同层次学生的需求。

［兴趣制作］完成基本任务后，学生点击兴趣制作，通过教师点拨制作如下图所示的两组图形。

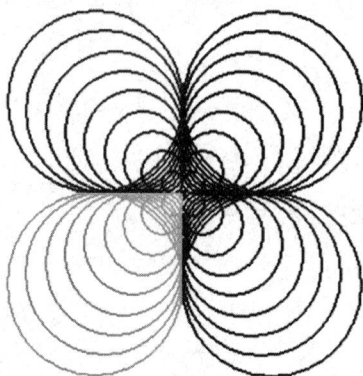

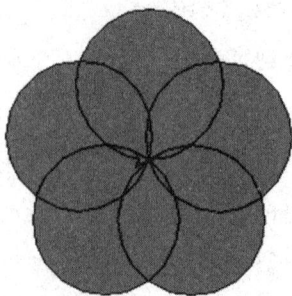

教师点拨如下：

左图：turtle. circle（10*r）

右图：turtle. circle（50）

　　　turtle. right（72）

设计意图：给学生一个拓展的空间，满足不同学生的需求。

学生探究中的问题：

① 条件语句后以什么结尾？

② 循环体中如何改变循环次数的变量？

③ 怎样使用turtle. color（　　　）改变颜色值？

（四）课堂评价

（1）从各小组中选出代表作品展示、点评，奖励优秀小组和个人。

（2）学生完成自评与互评，教师查看评价并点评。

（3）对学生作品进行评价，通过展示作品进行激励教育，实时了解学生掌握情况。

（五）本课小结

（1）while循环语句的特点：在条件不成立时停止。

（2）循环语句的重点：条件表达式的确定，避免死循环。

本课通过学生的作品展示，对学生进行激励教育，培养学生的创新意识，使其学会用学到的知识解决身边的问题。

二、教学反思

本节课是结合我校八年级学生的实际情况设计的，是一节讲练结合课。由于信息技术课与其他课不同，在计算机室上课，干扰因素多而使课堂管理难度加大。通过由浅入深自然地引入循环语句的功能、格式以及使用海龟库画图的方法，让学生掌握循环变量的变化循环体执行的过程，直观、易懂，激发学生的兴趣；再通过反复循环及层次递进的例子及练习巩固学生对循环语句格式、循环变量变化过程及控制循环的次数的理解，便于学生读懂程序运行结果，达到真正掌握语句的目的。通过在计算机上执行程序，同时用屏幕广播显示出来，验证结果是否正确，加深学生的印象。本节课较好地达到了教学目标，突破了重点难点。

但由于一节课只有40分钟，只适用于任务相对简单的程序分析，要更进一步通过循环次数的计算及认识循环体的执行规律使学生总结出循环的作用，对于部分学生来说还是比较困难的。对于数学基础较好的学生来说，接受所学内容较快，很容易推断出程序的作用和写出程序运行的结果。当循环体中的语句多处涉及变量时，学生写出的结果往往容易出错。

二叉树遍历

科目	数据结构
课题	第五章第三节二叉树遍历
授课时数	2节
教学形式	多媒体教学（任务驱动、讲练结合）
教学目标	1.掌握二叉树的各种遍历方法。 2.掌握二叉树的各种遍历实现
重点	1.掌握二叉树遍历的基本要素。 2.掌握二叉树遍历递归算法及其实现。 3.根据二叉树遍历的基本算法设计简单算法
难点	1.掌握二叉树遍历递归算法及其实现。 2.已知一棵二叉树的（前序序列和后序序列）或（前序序列和中序序列），能否唯一确定这棵二叉树

一、教学目标

通过对二叉树遍历的学习，掌握二叉树遍历方法及其实现，并认识其重要性。

1.知识目标

（1）了解二叉树遍历的方法，熟练应用算法进行简单设计，深入学习设计算法的过程。

（2）掌握二叉树遍历的执行轨迹。

（3）理解课本中简单遍历算法的例子。

2.能力目标

培养学生理论分析的方法，逐步培养学生研究和解决问题的能力。

3. 情感目标

通过学习二叉树遍历的方法，学习算法设计的具体过程，理解遍历算法在程序设计中的重要性。

二、教学方法

讲授法、练习法、任务驱动式教学。

三、教学准备

多媒体课件制作，申请多媒体教室，准备遍历算法课件。

四、教学活动图

下图是描述课堂教学活动的流程图。

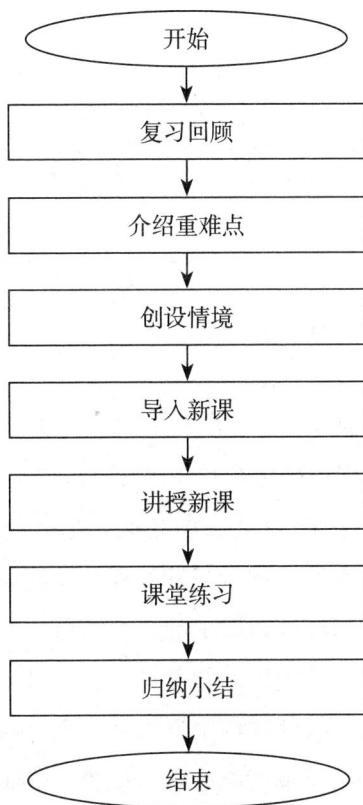

五、教学过程

（一）复习回顾（5分钟）

树是一类重要的、复杂的非线性数据结构，有着广泛的应用。其结点之间是一对多的关系，也可以描述为数据之间是一种层次关系。

树中涉及一些基本概念，如根、度、深度和森林等，应注意体会。

树也有两种存储结构，一种是链式存储（多重链表），另一种为顺序存储。

问题1：怎么判断一棵树是二叉树？

解答：判断每个结点至多只有两棵子树（即二叉树中不存在度大于2的结点）。

（二）介绍重难点（5分钟）

重难点见上文。

（三）创设情境（5分钟）

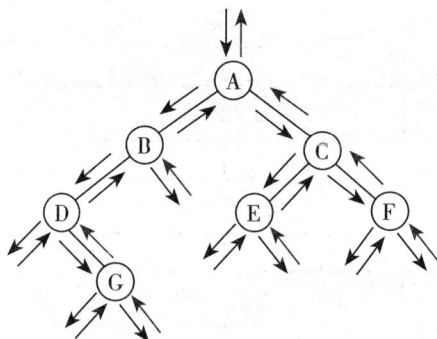

（四）导入新课（5分钟）

目的：通过提出问题引出遍历及其描述方法。

过程：在二叉树的一些应用中，常常要求在树中查找具有某种特征的结点，或者对树中的全部结点逐一进行某种处理。这就提出了一个遍历二叉树的问题，即如何按某条搜索路径巡访树中的每个结点，使得每个结点均被访问一次，而且仅被访问一次。"访问"的含义很广，可以是对结点做各种处理，如输出结点的信息等。遍历对线性结构来说，是一个容易解决的问题。而二叉树是一种非线性结构，每个结点都可能有两棵子树，因而需要寻找一种规律，以便使二叉树上的结点能排列在一个线性队列上，从而便于遍历。

　　预期效果：通过简单的问题引出让学生了解遍历的重要性，使学生的注意力开始集中。

　　（五）讲授新课（35分钟）

　　目的：介绍二叉树遍历的基本概念和四种遍历方法，展开课程重点。

　　过程：二叉树的四种遍历方法。

　　二叉树的遍历是指按照某种顺序访问二叉树中的每个结点，使每个结点被访问一次且仅被访问一次。

　　通过一次完整的遍历，可使二叉树中的结点信息由非线性排列变为某种意义上的线性序列。也就是说，遍历操作使非线性结构线性化。

　　由二叉树的定义可知，一棵二叉树由根结点、根结点的左子树和根结点的右子树三部分组成。因此，只要依次遍历这三部分，就可以遍历整个二叉树。若以D、L、R分别表示访问根结点、遍历根结点的左子树、遍历根结点的右子树，则二叉树的遍历方式有六种：DLR、LDR、LRD、DRL、RDL和RLD。如果限定先左后右，则只有前三种方式，即DLR（称为先序遍历）、LDR（称为中序遍历）和LRD（称为后序遍历）。

　　1. 先序遍历（DLR）

　　先序遍历的递归过程为：若二叉树为空，遍历结束。否则：

　　（1）访问根结点；

　　（2）先序遍历根结点的左子树；

　　（3）先序遍历根结点的右子树。

　　先序遍历二叉树的递归算法如下：

```
void PreOrder（BTNode*BT）
{
    if（BT! =NULL）
      {
        cout<<BT->data<<""; //访问根结点
        PreOrder（BT->left）; //前序遍历左子树
         PreOrder（BT->right）; //前序遍历右子树
      }
}
```

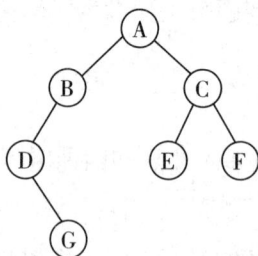

对于"创设情境"环节中的二叉树图，按先序遍历所得到的结点序列为：ABDGCEF。

2. 中序遍历（LDR）

中序遍历的递归过程为：若二叉树为空，遍历结束。否则：

（1）中序遍历根结点的左子树；

（2）访问根结点；

（3）中序遍历根结点的右子树。

中序遍历二叉树的递归算法如下：

```
void InOrder（BTNode *BT）
{
        if（BT! =NULL）
          {
                InOrder（BT->left）; //中序遍历左子树
                cout<<BT->data<<""; //访问根结点
                InOrder（BT->right）; //中序遍历右子树
          }
}
```

对于"创设情境"环节中的二叉树，按中序遍历所得到的结点序列为：DGBAECF。

3. 后序遍历（LRD）

后序遍历的递归过程为：若二叉树为空，遍历结束。否则：

（1）后序遍历根结点的左子树；

（2）后序遍历根结点的右子树。

（3）访问根结点。

后序遍历二叉树的递归算法如下：

```
void PostOrder（BTNode *BT）
{
    if（BT! =NULL）
      {
          PostOrder（BT->left）; //后序遍历左子树
          PostOrder（BT->right）; //后序遍历右子树
          cout<<BT->data<<""; //访问根结点
      }
}
```

对于"创设情境"环节中的二叉树图，按后序遍历所得到的结点序列为：GDBEFCA。

4. 层次遍历

所谓二叉树的层次遍历，是指从二叉树的第一层（根结点）开始，从上至下逐层遍历，在同一层中，则按从左到右的顺序对结点逐个访问。对于"创设情境"环节中的二叉树图，按层次遍历所得到的结果序列为：ABCDEFG。

由层次遍历的定义可以推知，在进行层次遍历时，对一层结点访问完后，再按照它们的访问次序对各个结点的左孩子和右孩子顺序访问，这样一层一层进行，先遇到的结点先访问，这与队列的操作原则吻合。因此，在进行层次遍历时，可设置一个队列结构，遍历从二叉树的根结点开始，首先将根结点指针入队列，然后反复从队列取出一个元素，每取一个元素，执行下面两个操作：

（1）访问该元素所指结点；

（2）若该元素所指结点的左、右孩子结点非空，则将该元素所指结点的左孩子指针和右孩子指针顺序入队列。

此过程不断进行，当队列为空时，二叉树的层次遍历结束。

在下面的层次遍历算法中，二叉树以二叉链表存放，一维数组q〔MaxLength〕用以实现队列，变量front和rear分别表示当前队首元素和队尾元素在数组中的位置。

```
void Levelorder（BTreeNode *BT）
//层次遍历由BT指针所指向的二叉树
{
    constMaxLength=30；//定义用于存储队列的数组长度
    BTreeNode*q［MaxLength］；
    //定义队列所使用的数组空间，元素类型为指向结点的指针类型
    intfront=0, rear=0；
    //定义队首指针和队尾指针，初始均置0表示空队
    BTreeNode*p；
    if（BT! =NULL）
    {
        rear=（rear+1）%MaxLength；
        q［rear］=BT；
    }
    while（front! =rear）
    {
        //当队列非空时执行循环
        front=（front+1）%MaxLength；//使队首指针指向队首元素
        p=q［front］；//删除队首元素
        cout<<p->data<<''；//输出队首元素所指结点的值
        if（p->left! =NULL）
        {
            //若结点存在左孩子，则左孩子结点指针入队列
            rear=（rear+1）%MaxLength；
            q［rear］=p->left；
        }
        if（p->right! =NULL）
        {
            //若结点存在右孩子，则右孩子结点指针入队列
```

```
        rear=（rear+1）%MaxLength;
        q［rear］=p->right;
    }
  }//whileend
}
```

预期效果：让学生深刻理解算法的作用和具体的描述。

（六）课堂练习（15分钟）

目的：学习运用二叉树的遍历从浅入深地进行二叉树遍历，了解算法设计。

过程：

问题1：若已知一棵二叉树的前序（或中序，或后序，或层序）序列，能否唯一确定这棵二叉树？

例1：已知前序序列为ABC，则可能的二叉树有5种。

问题2：若已知一棵二叉树的前序序列和后序序列，能否唯一确定这棵二叉树？

例2：已知前序遍历序列为ABC，后序遍历序列为CBA，则下列二叉树都满足条件。

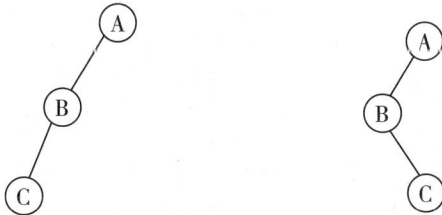

问题3：若已知一棵二叉树的前序序列和中序序列，能否唯一确定这棵二叉树？怎样确定？例如，已知一棵二叉树的前序遍历序列和中序遍历序列分别为

ABCDEFGHI和BCAEDGHFI，如何构造该二叉树？

问题4：前面我们已经学过了遍历二叉树，请写出对下图所示的二叉树进行先序、中序和后序遍历时得到的结点序列。

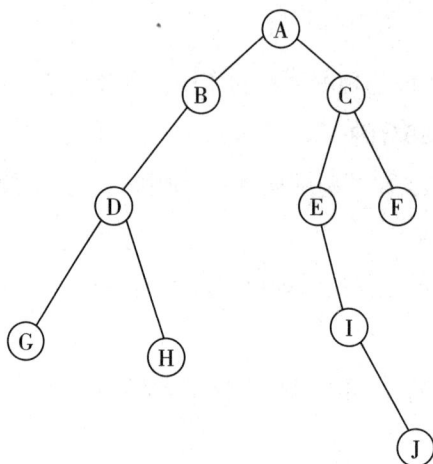

问题5：下图二叉树的遍历方法有哪些？

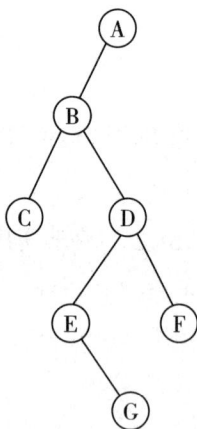

预期效果：以教师引导为辅，学生思考为主，让学生充分理解并掌握二叉树遍历方法及算法，提高学生分析、理解及解决问题的能力。

（七）归纳小结（5分钟）

目的：学习二叉树遍历的基本原理、作用和算法，教会学生如何采用算法进行简单的设计。

过程：

时间复杂度分析：有n个结点的二叉树，遍历时间复杂度O(n)。

实质：非线性结构线性化是二叉树各种操作的基础。

应用：求结点双亲、求结点的孩子、判定结点所在层次等。

缺点：不能直接得到结点在任意序列中的前驱和后继信息，这种信息只能在遍历的动态过程中才能得到。

保存这种在遍历过程中得到的信息的方法如下：

（1）在每个结点上增加两个指针域fwd和bkwd，分别指向结点在按照任意遍历时得到的前驱和后继（存储密度低）。

（2）在有n个结点的二叉链表中必定存在n+1个空链域，用它们存放遍历过程中结点的前驱和后继。

若结点有左子树，left指向左孩子，否则指向其前驱；若结点有右子树，right指向右孩子，否则指向其后继。

预期效果：通过实例教学让学生能独立完成二叉树遍历。通过比较文字与算法的描述方法让学生更深刻地理解算法的优点和应用的广泛性。

（八）作业布置（5分钟）

三道题：课本第195页第23、第24题，第196页第7题。

程序的选择结构

科目	VB程序设计
课题	第三章第九节程序的选择结构
授课时数	2节
教学形式	任务驱动法、讲解、讨论、发言
教学目标	1. 掌握分支语句的格式、功能。 2. 理解程序的分支结构，了解编程思路。 3. 培养学生的模仿、探究、实践和创新能力。 4. 培养学生分析问题和解决问题的能力。 5. 分析缺陷，鼓励创新，培养学生动手操作的能力。 6. 培养学生协作学习的能力和团队精神
重点	分支选择语句的语法结构
难点	对程序结构的理解，将现实需要转换为算法，编写实用程序

一、教学设计

（一）教学目标

1. 知识与技能

（1）掌握分支语句的格式、功能。

（2）理解程序的分支结构，了解编程思路。

2. 过程与方法

（1）培养学生的模仿、探究、实践和创新能力。

（2）培养学生分析问题和解决问题的能力。

3. 情感态度与价值观

（1）分析缺陷，鼓励创新，培养学生动手操作的能力。

（2）培养学生协作学习的能力和团队精神。

（二）教学内容

（1）条件语句的格式、功能。

（2）条件语句的执行过程。

（三）学情分析

本教案适用于04计信高工班学生。这一阶段的学生具备一定的数学基础，具有一定的比较、归纳能力，正处在抽象逻辑思维已初步形成并继续发展的阶段。学习分支结构程序设计就是要在这些基础上，以具体事例为载体，了解程序解决问题的条件与办法。在学习本课之前，学生已学习了顺序结构的程序设计方法，了解了顺序程序结构的执行流程，掌握了Visual Basic（VB）程序的窗体设计、代码编写与运行方法。

（四）教学策略

本课通过学生使用最多、最了解的即时聊天工具——QQ软件的登录界面引入课题，可以很容易地激发学生的学习兴趣。通过教师的不断设疑、讲解和学生分析、讨论、发言等形式引发师生间的互动，主要运用的教学方法是任务驱动法。教师讲解的过程就是不断地"否定"前面的结论，提出新问题（任务），请学生分析问题，提出解决方案，帮助学生解决问题的过程。

二、教学过程

（一）创设情境、激发兴趣（设计用时：5分钟）

教师：在上课之前，我想向同学们了解一下这里的情况，同学们上网一般都做些什么？（鼓励学生大胆回答）

学生：聊天、打游戏、看新闻、学习……

教师：很好！同学们都爱上网聊天，那么我们要登录QQ，首先需要做的是什么呢？（根据学生的回答，把学生的话题引导到QQ上，便于导入课题。）

学生：打开QQ，输入QQ号与密码。

教师：不错！但我们在输入时，不小心输入错了会出现什么情况？

学生：会弹出一个错误提示框，提示密码错误。

教师：好，同学们对这个软件的使用非常了解。如果我们输入正确的QQ号码与密码时，就能正常登录到QQ聊天界面；如果输入的QQ号码或密码不对，就会弹出一个错误提示框，拒绝进入QQ聊天界面。（放幻灯片，出现错误提示，密码错误！）

（二）提出问题（设计用时：10分钟）

教师：我们已经学习了程序的顺序结构，上面讲的"密码验证"问题，能不能用顺序结构来实现？为什么？请同学们想一想。（学生讨论）

学生：不能，因为出现了判断。

教师：答得对！因为出现了判断，出现了分支，它不能像顺序结构那样一条线的顺序执行，那么我们用什么方法来解决这个问题呢？这就是今天我们要讲的内容——选择结构。

这种根据不同的情况转向不同的分支来处理的程序结构就是选择结构。

（三）引入本课的知识（设计用时：15分钟）

学生阅读，教师讲授在程序中实现选择结构的语句、选择结构程序的格式与功能。以VB为例，程序如下：

```
Private Sub Command1_Click()
If Text1. Text="如果今天下雨"Then
    MsgBox "我就待在家里", vbOKOnly, "在家"
End If
If Text 1. Text="如果今天不下雨"Then
    MsgBox "我就去踢球", vbOKOnly, "运动"
End If
End Sub


Private Sub Command1_Click()
If Text1. Text="如果今天下雨"Then
    MsgBox "我就待在家里", vbOKOnly, "在家"
Else
    MsgBox "我就去踢球", vbOKOnly, "运动"
End If
```

End Sub

让学生比较上面两段程序的异同，从中理解选择结构。

```
Private Sub Command1_Click()
If Text1. Text= "807901693" And Text2. Text= "lys123" Then
    MsgBox "QQ号码与密码正确！", vbOKOnly, "提示"
    UnloadMe//卸载（Unload）窗体，结束程序的运行
Else
    MsgBox "QQ号码或密码错误，请重新输入！", vbOKOnly, "提示"
    Text1. SetFocus//将文本框Text1设置为焦点（Focus），处在能
够接受键盘输入的状态
End If
End Sub
```

（四）实践与体验（设计用时：25分钟）

引导学生回顾QQ登录的过程，通过讨论，学生应该很快就能找到解决"密码验证"问题的方法与步骤。具体的基本思路和步骤如下：

（1）输入QQ号码和密码；

（2）判断QQ号码和密码是否正确；

（3）根据判断结果分别处理。

教师：我们已找到了解决问题的方法和步骤，下面我们模仿QQ登录界面设计一个程序。（放幻灯片）

程序设计的具体要求：

在屏幕上显示一个标题为"QQ用户登录"的窗体，在窗体中分别放置如下的对象：

① 两个标签（Label）对象，用于显示提示信息；

② 两个文本框（TextBox）对象，用于显示QQ号码与密码的输入过程；

③ 两个按钮（CommandButton）对象，用于发送密码输入完毕和退出登录界面命令。

各控件的属性如下表：（演示幻灯片）

对象	属性	属性值
Form1	Caption	QQ用户登录
Label1	Caption	QQ号码
Label2	Caption	QQ密码
Text1	Text	
Text2	Text	
Command1	Caption	登录QQ
Command2	Caption	退出

（五）思考与讨论（设计用时：15分钟）

教师要求学生在计算机上输入并运行上述程序，输入QQ号码和密码，观察程序运行的情况。

在此基础上引导学生思考如下问题：

（1）再次运行程序，输入："lys123"，计算机认为密码正确吗？为什么？再试一试输入："lys123"，情况又如何？

（2）如果要改变QQ号码，需要相应修改程序的哪个地方？先想一想，将程序改动的地方记录下来，然后再在计算机上验证你的想法。

（3）用鼠标选中文本框（"Text1"），在屏幕右侧的"属性窗口"中将文本框的"PasswordChar"属性修改为"*"，保存之后重新运行程序，有什么变化？

（4）如果我们忘记了密码，程序能否正常结束？如何处理这种情况？

通过自己思考或者小组讨论得出结论，然后在计算机上验证你的结论是否正确。

（六）思考与拓展（5分钟）

今天我们讲的选择结构主要是双分支结构，通常只能用于对两种情况的区别处理，如果要处理更多情况的判断，如在上面的"密码验证"程序中加入多个QQ号码和密码，如何通过程序来实现？可以请学生在课后参考书上的内容，找到解决的方案。

（七）课后作业（5分钟）

（略）

turtle库编程——while循环语句的应用

一、教材分析

本节内容选自广东高等教育出版社八年级下册《信息技术》第一单元第六课"turtle库编程——while循环语句的应用"，教学主要内容是while循环和turtle库的应用。通过本节课的学习，学生将进一步理解和掌握"while循环语句应用在turtle库及其函数"的程序设计理念，为后续学习利用计算机分析、解决问题打下基础。

原教材内容在趣味性和激发学生思维多样性和创新性方面显得有些不足。所以本教学设计以编程绘制国旗为主题，将本节两个知识内容串联起来，设置运用while循环及turtle库编程画五角星，然后应用turtle库及其函数设置国旗颜色和五角星颜色，通过任务驱动引领学生进行探究学习。

二、学情分析

本课授课对象是八年级学生，他们具有一定的逻辑思维能力，追求个性，喜爱新事物。学生通过前几课的学习，已初步认识了Python编程语言，理解了流程图、条件判断语句、多分支语句等方面程序相关概念和应用，能编程让小海龟turtle画正三角形、圆形等；掌握了美术学科设计不同图形和颜色搭配的内容；掌握了数学学科旋转、运算几何图形的内容。在此基础上，设置挑战性和趣味性相结合的任务能激发学生的学习热情和探究欲望。另一方面，考虑到学生学习能力的差异，部分学生存在学习程序设计语言的畏难心理，为增强他们的学习信心，可提供问题导学式的学习资料，循序渐进进行导学。

三、教学目标与核心素养

（一）知识与技能

（1）能以自然语言或流程图的方式设计和表示使用程序绘制五角星的算法（信息意识、计算思维）。

（2）掌握turtle库及其函数的应用。

（3）进一步掌握while循环语句的应用。

（4）培养学科核心素养——计算思维，让学生掌握程序循环变量这一学科思想方法，了解程序的可重复性和可控性，提高问题解决的效率和效果，进而迁移到其他领域的学习中。

（二）过程与方法（跨学科融合学习）

（1）整合数学学科知识，通过程序绘图的实例探究，让学生掌握运用循环变量优化程序设计的方法，提升思维品质（计算思维）。

（2）将数学与程序设计进行整合，用程序代替作图软件绘图，创造性解决问题，培养学生创新思维及实践创新的能力（数字化学习与创新）。

（3）将美术学科的设计与程序设计进行整合，设计并绘制不同形状和颜色图案的内容。

（三）情感态度与价值观

（1）引导学生在完善程序、提升作品品质的过程中自主探究，让学生在探究过程中发现问题、解决问题，培养学生的科学精神。

（2）编程与作品创作相结合，在绘制五角星和利用turtle库为国旗上色的过程中，通过对国旗设计内涵的了解，培养学生的审美情趣，渗透人文情怀的涵养（数字化学习与创新、信息社会责任）。

（3）能根据导学案、微课视频等数字化资源和学习工具开展学习，创造性地用程序表情达意，以绘制国旗的任务培养学生的爱国意识、国民身份认同以及为实现中华民族伟大复兴中国梦而不懈奋斗的信念，体现"责任担当"（信息社会责任）。

四、教学重点及难点

（一）教学重点

（1）设计和表达使用程序绘制五星红旗的算法，提高程序编写及执行效率。

（2）灵活使用turtle库及其函数绘制图案，了解国旗之美，掌握while循环语句格式和结构，并将其应用于作品设计中。

（二）教学难点

（1）根据实际需要选择和使用合适的库函数绘制图案，能根据任务需求，合理设置库函数，形成程序算法，解决问题。

（2）使用数字化资源和学习工具开展学习，创造性地设计图形。

五、教学策略与方法

拓展教材，以"国旗下的turtle库编程"为作品创作主题，涵盖本节重难点知识与技能，用程序画五星红旗的任务驱动激发学生的学习兴趣和热情。通过任务分解，问题导学，引领学生自主探究。为调控各个探究环节时间，教师课前可剪辑与国旗、祖国相关的视频文件，创设情境，明确主题，并为下一步设计复杂的五星红旗做铺垫。

本课使用的教学方法主要有：任务驱动法、自主探究法、问题导学法。

六、课时

一课时（40分钟）。

七、教学过程

环节	教师活动	学生活动	设计意图
（一）激趣导入（3分钟）	播放视频《唱响国歌》，创设情境。引出课堂作品创作主题"国旗下的turtle库编程"——用程序绘制五星红旗	明确学习内容和活动主题	情境创设，任务驱动，激发学生的学习兴趣

环节	教师活动	学生活动	设计意图
（二）问题导学任务探究（30分钟）	探究任务一：如何画五角星？ 引导活动： 1. 引导学生分析画正五边形的数学规律，形成程序算法。 多边形外角和等于360° 正五边形外角等于360/5=72° 2. 分析画正三角形程序，了解画正N边形要修改的程序数据有哪些。 3. 引导学生学习turtle库相关知识。 4. 让学生利用turtle库的函数知识修改程序，画正五边形。 5. 激发思考：如何将画正五边形的程序修改为画五角星？ 五角星的每个外角为144°	回顾知识，明确画正三角形的数学规律和程序算法。 fromturtleimport* i=1 whilei<=3： forward(100) right(360/3) i=i+1 done() 学习turtle库相关知识，掌握画笔定位、颜色填充、画笔颜色及画笔状态规则，并学会判断画多边形边数的规律。 答题比赛（6题）：课件展示 运用所掌握的知识修改原"小海龟画三角形"程序，动手实践验证，画出正五边形。 小组讨论，形成画五角星的算法	学科整合，通过数学规律构建程序算法。以"画正三角形—画正方形—画正五边形—画五角星"的问题引导，循序渐进，训练学生数学思维和逻辑思维
	探究任务二：如何在指定位置画大小不同的五角星？ 1. 画笔定位/跳转：goto(x，y)|setpos(x，y)|setposition(x，y)|setx(x)、sety(y)		

环节	教师活动	学生活动	设计意图
（二）问题导学任务探究（30分钟）	2. 画笔绘图状态：pendown()|pd()|down()画笔落下，penup()|pu()|up()画笔抬起。 3. 让学生根据教师提供的学习资源，了解五颗星的位置和大小关系。 4. 用小五角星与大五角星的边长和位置的关系，让学生进一步理解画布坐标与数学知识的联系。 5. 引导学生通过修改相应函数参数与代码复制，高效完成绘制五颗五角星的任务。设置问题"陷阱"，让学生按国旗绘图参考图坐标画各个小五角星，发现所画的星星还是没有画在画布的左上角，从而理解坐标与画布大小有关的原理。 6. 设置屏幕／画布大小：setup（宽，高）	 根据学习资源的国旗绘图参考图，明确五角星起点坐标，动手尝试重新赋值坐标与线段长度变量，复制、粘贴程序段，画出国旗五颗五角星	通过画国旗五角星分布图，落实对定位这一新知的运用，让学生体会函数对编程效率、灵活性的影响。 考虑学生能力有差异，同时提供简略的五颗星坐标分布图，提供学习支撑，让更多的学生能在教学时间内完成探究任务
	探究任务三：如何设置星星颜色和国旗背景色？ 引导活动： 1. 设置填充颜色和画笔颜色：fillcolor('颜色')填充颜色，color('green')设置画笔颜色；也可以同时设置画笔和填充颜色color('画笔色', '填充色') 2. 引导学生阅读导学案turtle库设置颜色函数和背景颜色函数，让学生了解两函数的基本格式和用法。 3. 强调：填充颜色必须在绘制每个图形前使用begin_fill()，绘制结束使用end_fill()	猜想turtle库设置颜色函数和背景颜色函数的用法，编程验证。 利用begin_fill()、end_fill()和color()、bgcolor()函数改变五角星颜色和旗帜颜色，进一步完善作品	串联本节知识，用设置画国旗背景及星星颜色的子任务，完成灵活使用turtle库及其函数绘制图案，了解国旗之美，掌握while循环语句格式和结构，并将其应用于作品设计中

环节	教师活动	学生活动	设计意图
（二）问题导学任务探究（30分钟）	拓展任务：如何在窗口显示自定义文字？如何修改小星星的角度？ 1. 鼓励学生通过导学案资料自行尝试、实践完善作品。 2. 提供参考文字内容：社会主义核心价值观内容。 3. 例如：write（"中华人民共和国国旗"，font=（"华文彩云"，38)），在画布上写"中华人民共和国国旗"，字体为华文彩云，字号为38	动手实践，尝试控制画笔行进方向：setheading(角度)|seth(角度)，0东，90北，180西，270南，并用write()函数在国旗适当位置显示主题文字；通过一个三元组（字体、字号、字形）优化文字显示效果，同时给画布添加标题	分层要求，鼓励已完成探究任务的学生自主探究、掌握拓展技能，学习用文字丰富作品内涵；渗透核心价值观教育
（三）交流评价（4分钟）	展示部分学生作品，点评交流。 展示教师作品，鼓励学生学习新的数学、编程知识，让作品更完善	提交作品，师生互动，反思学习，总结收获	鼓励学生精益求精，学习新的数学与编程知识，让作品更加完美。 以课堂记录自评表引领学生进行自我评价
（四）课堂总结拓展延伸（3分钟）	总结： 用描述国旗的诗句"你最富情感/包容天下/你最富想象/穷尽宇宙"与编程结合，引导学生领悟程序同样可以包含情感与想象。信息时代程序无处不在，"穷尽天下乃至宇宙"，科技创新很多领域都与程序有交集，学好编程将更有利我们为实现科技强国作出贡献	领会程序在表达自我、适应信息社会方面的意义。展望未来，增强掌握编程技术，为祖国科技创新作贡献的信心。 明确课外探究内容：改变画笔方向：setheading(角度)	总结提升，用人文情怀涵养信息技术教学，让程序设计的思想深入学生心灵，鼓励学生为实现中国梦学好编程

环节	教师活动	学生活动	设计意图
（四）课堂总结拓展延伸（3分钟）	提出课外延伸任务： 自行探究学习相关数学知识和编程方法，按五星红旗绘图的标准与要求，绘制更标准的国旗图案	网络搜索五星红旗绘图的标准与要求，自学"turtle库的其他函数"操作，结合本课已掌握的知识，尝试画出最标准的国旗	课外延伸给学有余力的学生提供更广阔的探究空间

八、教学反思

本课内容为Python程序设计，重点培养学生的计算思维。本课任务设计旨在让学生更好地掌握循环结构这一学科思想方法以及turtle库编程的相关理念，并迁移到其他领域的学习中。

本课以问题导学作为每一个任务探究的链接点，由易到难，循序渐进，较好地激发了学生的多元化思维和创新思维，改变了代码编程较为晦涩难学的情况。本课导学资料以一系列问题引导学生思考，能有效地为学生的学习提供支撑，因此各层次的学生基本能进行自主探究。

本课将数学问题、美术问题与程序设计进行跨学科融合，让学生在探究过程中发现问题，而后创造性地解决问题，很好地培养了学生的创新思维。

本课通过创设与国旗有关的视频、音乐、诗句等情境，很好地激发了学生的爱国意识，人文情怀的涵养充分调动起学生的学习兴趣和探究热情，因此学生整节课都处于思维的活跃状态和创作的积极状态。

附：课堂记录与自评表

自评类别		自评项目	很好 （★★★）	好 （★★）	一般 （★）
学习能力	基本知识技能	1. 我能理解from turtle import*与import turtle的区别，并应用在程序编写中			
		2. 我能应用turtle库及其函数完成绘制国旗的任务			
		3. 我能完成拓展任务，在国旗上呈现文字			
		4. 我能在教师引导和同学交流中找到解决问题的途径			

自评类别		自评项目	很好 (★★★)	好 (★★)	一般 (★)
学习能力	应用创新	5. 我的作品有比其他同学新颖的地方			
		6. 我能用教师或同学没有介绍的方法去操作			
		7. 我能积极主动地探索新知识、新技术			
情感态度	学习态度	8. 我敢于通过教材和导学资料自己大胆尝试探索			
		9. 我善于跟同学讨论问题，表达自己的观点			
	情感体验	10. 完成作品的过程中我获得了成功的体验			
		11. 我体会到程序设计的奇妙，并有信心学好它			
		12. 通过本节课的学习，我对国旗和我们的国家有了更多方位的了解			
综合得分					
教师寄语					

说明：请在相应栏目打"√"，以星星数量计算综合得分。

用电子表格自动计算

一、教学分析

我教的是七年级的学生，处于青少年时期的他们对新事物有好奇心，对一切有趣、活泼的知识特别想掌握。因此针对这个时期的学生教师要在课堂新知识的引入中增加一些生动的教学实例丰富课堂，然后以任务驱动的方式"由浅及深"地引导学生掌握该堂课的知识要点。

另外，由于这个时期的学生有着很强的自尊心，因此鼓励学生也是非常重要的，这样可以培养他们对学习的兴趣。所以我在教学过程中会通过"极域广播"的形式称赞学生。

其中，在学生活动中发现典型问题时要适时进行"整体教学"，以"极域广播"的形式指导学生关注注意事项并调整教学过程。如果是个案，则进行个别指导。这样在活动中进行教学辅导有利于加深学生对知识的理解与掌握。

总之在整个教学活动中，教师起着主导作用，指导与引导着整个教学活动的进行；学生起着主体的作用，在教师的引领之下完成一个个任务，在任务完成的过程中体验着成功的喜悦并顺其自然地提高着自己的信息技术素养。

课本上"初识Excel"这一章共分为七节，第一、二节要求学生掌握表格的制作，这是个Excel的初级制作对于学生来说比较简单；但是第三、四节就比较难，它是该章的重点也是Excel的灵魂，因为它是围绕Excel数据分析内容展开的，所以这个活动的教学设计一定要围绕Excel电子表格制作软件的特点进行。根据活动所涉及的内容我将其划分为以下三个知识点：

（1）求和、填充柄的使用。

（简单数据分析。）

（2）SUM（　　）、AVERAGE（　　）、IF（　　）。

（高级数据分析。）

（3）排序和数据筛选。

（数据处理。）

知识的学习是要成一个体系的，所以学生学习的时候要循序渐进，一环紧扣一环地进行，每一课的教学安排都不要割裂开来。在第一个知识点结束时我将由∑求和引导下节课将要讲授的内容——函数，从而消除学生在学习第二个知识点时对函数的陌生感。

在该堂课教学任务的安排上，主要要求学生完成三个任务：

（1）"实践小运用—2010年甲B联赛积分情况表.xls"计算各球队的积分情况。

基础练习：学生能完成该练习就证明已经掌握了基础知识，完成教学目标。

（2）学生需自己练习总结出填充柄的使用规律，可以打开"填充柄练习.xls"及"Excel数据填充技巧.doc"。

提高练习：培养学生自主学习能力。

（3）从网上找数据，制作表格并进行数据分析（分组活动）。

（第一、二组：2009年中国最受欢迎公众人物候选人得票情况统计；第三、四组：姚明进入NBA后各赛季得分情况统计。）

初一时学生学习过网络方面的知识，所以在教学任务中安排了本环节，要求学生从网络中找数据资料，然后制作表格并按要求完成数据统计分析。这一环节不仅对提高学生综合处理分析问题很有好处，也具有非常强的实用性，让学生懂得如何将解决问题的技能逐渐迁移到其他领域。

二、教学目标

（一）技能目标

（1）通过引导阶段的练习熟悉并掌握如何在Excel中求得几个单元格内数据的和。

（2）由"公式法"求和的方法拓展延伸，使学生能举一反三地应用"公式法"进行数据的数值计算。

（3）熟悉并掌握"填充柄"的功能，由学生通过"小试锋芒"的练习自己总结出一些"填充柄"的使用规律。

（4）掌握工具栏的∑进行求和运算的方法。

（二）情感目标

（1）通过自主性学习培养学生的动手能力，总结归纳知识点的能力，并且可以培养学生相互合作、学习的能力。

（2）通过教师设问等师生参与的活动激起学生学习Excel的兴趣，更进一步培养其学习信息技术这门课的兴趣，让学生感受到学习信息技术课程的趣味性和实用性。

（三）知识目标

（1）了解Excel中"单元格地址"的概念，并且学会使用单元格地址来输入表达式进行数据计算，了解用单元格地址表示数据的优点。

（2）熟练掌握"填充柄"的使用技巧。

（3）理解Excel为什么是动态电子表格处理软件。

三、教学重点

（1）利用输入公式的方法计算数据。

（2）填充柄自动填充"一组有序数据"；填充柄自动填充"复制公式"的运算规律。

四、教学难点

（1）知道单元格地址的组成，并能用单元格地址列出算式进行数据计算。

（2）理解"填充柄"究竟能完成什么样的功能；能填充怎么样的一组有序数据。

（3）通过操作练习总结出用"单元格地址"表示数据进行计算的优点。

五、教学过程设计

（一）引言（提出教学内容）

在前面我们学习了如何制作一个简单的Excel表格，并且根据我们的需要对它进行格式化，让它变得很漂亮，就像人穿了身很合体的衣服一样。可是，难道说一个人有了光鲜的外表后就具备了做人的全部了吗？（设问：知识之外的道德教育）显然不是。

现在我们开始要学习的知识内容就是关于它的内涵——数据处理方面的功能。举个你们身边的例子。有一天你的父母交给你一项艰巨而光荣的任务：要你当个小管家，管理家庭开支。怎么办？当然要用上我们在学校里学习的知识。学以致用后你就会感觉这个任务不难完成。下面我们大家就一起来看看Excel是怎么帮助我们进行数据分析及处理的。

（二）计算器法计算数据（教师活动：演示及讲解，学生听讲）（5分钟）

打开文件"家庭收支表.xls"。请计算这周共支出多少。（允许学生使用任何方法。）一般说来学生都是用"附件—计算器"进行计算。

Excel中也有类似"计算器"的用法，演示给学生看。

强调：输入"="，为公式法输入计算数据做铺垫。

总结：在输入完毕以后一定要按键盘的"ENTER"键，或者将鼠标在旁边位置空点一下，在后面进行数据计算时都可以这样操作。

（三）单元格地址（师生活动：师生共同做游戏）（5分钟）

通过刚才的演示，我们知道可以不打开"计算器"直接在Excel中就可以进行数值计算。可是，这种方法好像没有体现Excel与其他软件有什么不同的地方，所以一般不建议大家使用。老师将给大家介绍另一种更好的方法来计算。在此之前我们一起做个小游戏。

我教的班级太多，因此经常记不住大家的姓名。所以我喜欢用这样的方式记住你们。请被我叫到的同学按照我的要求做动作。（平等的讲话方式，拉近师生之间的距离）"B4号同学请起立向大家招招手！"

分析游戏现象：

（1）是不是×××同学起立的而不是别的同学？（提问）

（2）我是用什么方式来指示这位同学的？（回答：座位定位的方式→单元格地址的表示方法）

结论：单元格地址=列标+行标，如图所示。

设问："1"所在的单元格地址就是？（学生回答，加深印象）

思考：我教不同班级，当换成另外一个班级时，坐在该位置的同学用什么样的表示方式？（为优点二的结论做铺垫）

（四）公式法数据计算（教师提示，学生自主探索。理解Excel是动态电子表格）（5分钟）

请同学们对刚才的计算方法做出改进：把原来出现数据的地方改为"该数据所在单元格的地址"，然后比较一下和先前得到的结果有没有不同。

总结：

（1）我们在单元格中输入公式，难道说只能按这样的方式求和？当然不是，以后我们需要求得什么样的结果，只要按照题目的要求列出公式输入就可以了。

（2）与"计算器法"计算公式相比，以单元格地址的形式表达数据的"公式法"计算的优点是什么？为什么老师推荐它呢？（教师演示）（优点一）

说明：Excel是动态电子表格。也就是说：它的特殊性在于其中的单元格之间有着密切的联系，当一个单元格内的数据发生变动时，就有可能直接影响到其他单元格内的数据。

请同学们完成另一项操作，请大家完成11月第一周的总收入数据统计，得到的值就放在C10单元格中。（教师到学生中巡视，不需要学生完成，为"填充柄"的引入做好铺垫。）

（五）填充柄的使用（教师活动：教师演示讲解）（5分钟）

因为11月第一周的总支出已经计算好，并且用的是公式法输入求得；我们现在计算11月第一周的收入不需要再输一遍数据。

看我使用一个超级工具，它的名字叫作"填充柄"，它的样子是"+"。

总结提示：

（1）当鼠标移到单元格右下角，鼠标将由"＋"变成"+"形状，然后按住鼠标左键不放，拖动。

（2）假若你用"计算器"法计算，这样的拖动得到的结果会是什么样子？（请一个学生上讲台操作并总结。）（优点二）

（六）学生练习（分层次任务活动，学生完成自我评价，教师总结各活动）（18分钟）

（1）打开教师下发的文件"实践小运用—2010年甲B联赛积分情况表.xls"计算各球队的积分情况！（选择做得比较快的同学，报出他的结果给大家，激励学生）。

（2）自己练习总结出填充柄的使用规律，可以参照课本，借助文件、网络。可以打开"填充柄练习.xls"和"Excel数据填充技巧.doc"（选取做得比较好的学生，当小老师总结）。

（3）从网上找数据，制作表格并进行数据分析（分组活动）。

（第一、二组：2009年中国最受欢迎公众人物候选人得票情况统计；第三、四组姚明进入NBA后各赛季得分情况统计）

提醒：象征性地找些数据，不要用太多时间找数据、录入数据。

（七）铺垫内容（教师活动：演示并讲解，为下个知识点做铺垫，仅要求学生掌握求和的方法不要求深层次理解）（5分钟）

我们刚才只是求一周的收支账目。如果求一个月、求一年呢？

现在拿这道题做例子，同学们在数学学习过程中肯定被老师提问过这样一道题目。这个题目就是"1+2+3+4+5+……+100"。

打开文件"趣味数学题.xls"要求几个数据累加和，当所求和数据项比较少的，比如求"1+2+3+4+5+……+10"时用公式法计算还可以。

可是这个方法用到加至100的时候，就发现公式法不太好用了。现在告诉大家一个求和的最佳方法。由Excel工具栏的∑进行求和运算。

在教师指导下学生尝试操作。

总结：

（1）鼠标点击该列数据的最后一个单元格，使其成为活动单元格，然后点击求和按钮求得该列所有数据和。

（2）如果这列单元格没有数据则默认值为0。

（3）SUM( )是什么意思？括号里面的内容是什么意思？我们将在下个知识点讲解。

（八）评价（2分钟）

活动	完成情况
通过"实践小运用：2010年甲B联赛积分情况表.xls"计算各球队的积分情况	全部按要求完成/会做但时间不够/不会/在帮助下能完成
"填充柄练习.xls"	复制公式/复制一组有序数列（如数字、序号、星期等）
分组活动（第一、二组：2009年中国最受欢迎公众人物候选人得票情况统计；第三、四组：姚明进入NBA后各赛季得分情况统计）	全部按要求完成/会做但时间不够/不会/在帮助下能完成

六、教学反思

（1）评价要到位。教师要重视对学生学习评价的改革，以过程评价为主，通过师生评价、生生评价、小组评价等多种形式，促进学生发展。评价现在成为课堂教学中越来越重要的手段。与学生亲切地交流，调动学生学习积极性，会为每节课带来意想不到的效果。教师在这方面还要注意，要发自内心地去表扬学生，要真情流露，关注每个学生，使每个学生都能得到不同层次的提高。

（2）要注重小组合作。当学生在探索过程中遇到问题时，就要给他们提供合作交流的机会，通过向老师、同学表达想法，倾听别人的意见，实现发展。本节课学生都能自主学习，但是缺少小组内的交流，学生遇到困难很少会去请教小组内的成员，而是问老师或关系好的同学。在今后教学中还要注意培养学生合作交流的意识与能力，使他们愿意合作，以尽快学会知识，同时也要注意小组成员的搭配要更趋合理和合情。

（3）环节设置应再合理、有效。本节课内容多，学生学的东西很多，在环节设置上应再合理、紧凑些。每个环节要渗透的知识点教师把握还不是很准确，应根据学生的回答来引导学生学会知识，顺着学生思维走，尊重学生。

总之，教师在平常的教学过程中，应处处留心，时时注意，必须使用易于学生接受的语言和教学方法，让一些枯燥乏味的知识变得有趣、生动，使学生能在轻松的氛围中学到更多的知识，提高他们驾驭信息技术的能力，为他们今后的发展打下坚实的基础。

七、帮助（分层次使用帮助）

Excel数据填充技巧.doc（初级）

Excel教学课件.xls（初级）

www.baidu.com（高级）

搜索关键字"Excel 2000的使用""Excel 2000填充柄"等。

用图表直观表达数据

一、教学目标

目标维度	行为目标
知识与技能	1. 了解Excel图表的作用、意义。 2. 学会在Excel中插入图表，熟练掌握利用图表向导创建图表的操作方法。 3. 理解工作表中的数据与图表之间的关系
过程与方法	1. 锻炼学生正确使用图表的能力。 2. 培养学生利用Excel图表分析、处理数据的能力。 3. 使学生初步掌握在活动中开展小组合作的方法
情感态度与价值观	1. 培养学生处理信息的能力，养成良好的思维习惯和行为方式。 2. 激发学生参与到环保行动中来，从自我做起
行为与创新	提倡环保

二、教材分析

《用图表直观表达数据》是粤高教版《初中信息技术》第一册（下册）第一章《表格数据处理》第六节内容，教学内容主要围绕Excel图表这个主题展开。图表功能是Excel中最常用、最重要的功能，它在数据处理方面的地位十分重要。本课要求学生在掌握数据计算和统计的基础上，理解数据和图表的关系，了解图表的优势，学会利用图表解决问题。

三、学生分析

本课教学对象为七年级学生，学生经过前面几堂课的学习，已经掌握了Excel的基本操作，能够对数据进行简单的计算，能够运用所学的知识对数据进行处理。学生思维灵活，动手能力强，通过教师引导，学生能进行自主学习、合作学习，从而更好地掌握Excel图表的制作。

在这堂课中可能会出现以下问题：

（1）一些学生对创建图表的数据源理解不清。

（2）学生对数据图表样式的选择产生疑问。

四、教学重点

根据图表向导制作柱形图、折线图和饼图，图表的修饰与美化。

五、教学难点

建立图表时数据源的选取、根据信息需求选择适当的图表类型、系列的选取。

六、教学方法

教师引导创设情境教学、任务驱动下的学生自主、合作、探究、交流、分层学习。

七、教学环境及资源准备

课件、学生练习素材、学生帮助素材、广播教学软件、Excel 2007软件。

八、教学过程

（一）引入新课

师：同学们观察、比较一下，看看关于"使用一次性筷子的问卷调查"的几种统计方式中哪个更好。

1. 文字

关于使用一次性筷子的问卷调查，教师随机抽取了30份做了统计。结果如下：使用过一次性筷子的，肯定的为28人、否定的为2人；用一次性筷子前闻过它的气味的，肯定的为16人、否定的为14人；认为一次性筷子比消毒筷子卫生的，肯定的为12人、否定的为18人；认为大量使用一次性筷子对资源造成浪费的，肯定的为23人、否定的为7人；认为使用一次性筷子对环境造成危害的，肯定的为27人、否定的为3人；认为我国森林覆盖率低的，肯定的为9人、否定的为21人。

关于使用一次性筷子的问卷调查（教师随机抽取了30份）

（1）你使用过一次性筷子吗？（　　）

A. 是　　　　　B. 否

（2）用一次性筷子前你是否闻过它的气味呢？（　　）

A. 是　　　　　B. 否

（3）你认为一次性筷子比消毒筷子卫生吗？（　　）

A. 是　　　　　B. 否

（4）大量使用一次性筷子对我国的资源造成浪费吗？（　　）

A. 是　　　　　B. 否

（5）你认为使用一次性筷子会对环境造成危害吗？（　　）

A. 是　　　　　B. 否

（6）我国森林覆盖率低吗？（　　）

A. 是　　　　　B. 否

2. 表格

下表是一次性筷子的问卷调查结果。

题号	肯定（人）	否定（人）
1	28	2
2	16	14
3	12	18
4	23	7
5	27	3
6	9	21

3. 图表

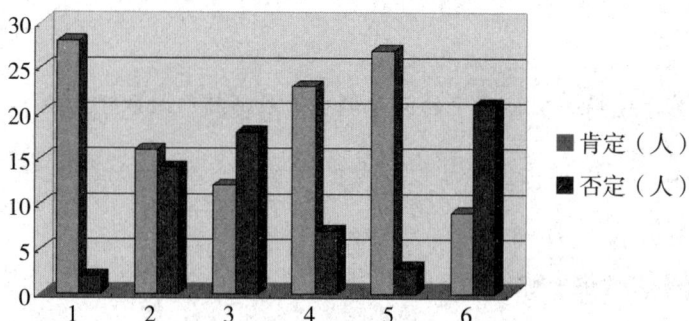

师：哪种描述方式更好、更直观呢？

生：图表最形象、生动、直观，更有利于数据的表达。

师：这就是我们本节课要学习的内容。

师：从刚才我们的讨论可以看出，与表格相比，用图表来描述数据更形象、直观、清晰，可方便看出数据的差异；而表格数据准确、直接、容易查找。因而统计、会计部门的报表更多的是采用表格，而媒体更多的是采用图表。

设计意图：这一环节的教学目的是通过让学生比较文字、表格和图表描述信息的不同方式，使学生得出图表能更直观、更形象地表达主题这一结论，从而主动地进入知识探求的氛围中，引出课题。

（二）任务驱动

师：刚才这个一次性筷子的问卷调查是如何做出来的呢？请大家根据学件"学生练习帮助"上的步骤提示，自己动手试一试，在制作的过程中可以相互讨论，将材料放在桌面上。

学生动手实践，老师巡视指导：学生根据学件进行尝试操作，观察学生的操作情况，寻找共性问题，辅导个别有困难的学生。

可能存在的问题：数据区域的选择有困难，创建的图表可能是空白或数据选择有缺漏。

教师引导学生说出制作图表的四个步骤，并加以总结：选择图表类型、选择图表源数据、设置图表选项、设置图表位置。

教师总结、演示图表的建立过程，加深学生印象。

1. 数据的选定

各国森林覆盖率调查表	
国家	森林覆盖率/%
澳大利亚	20
巴西	65
俄罗斯	48
美国	28
中国	37
印度尼西亚	66
刚果	54
加拿大	72

教师强调：选择区域应包括每列上的字段名，不能多选或漏选，如有两个不连续的区域选定，则需要配合键盘上的CTRL键来选定。

2. 单击"图表制作向导" 按钮，选择"图表类型"

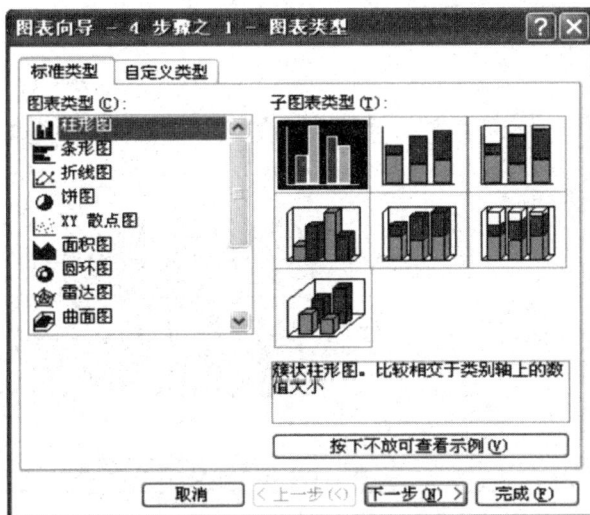

教师强调：选择合适的图表类型，便于图表的表现。演示相同的数据选择不同的图表，表现也有很大差异，选择最合适的图表非常重要。

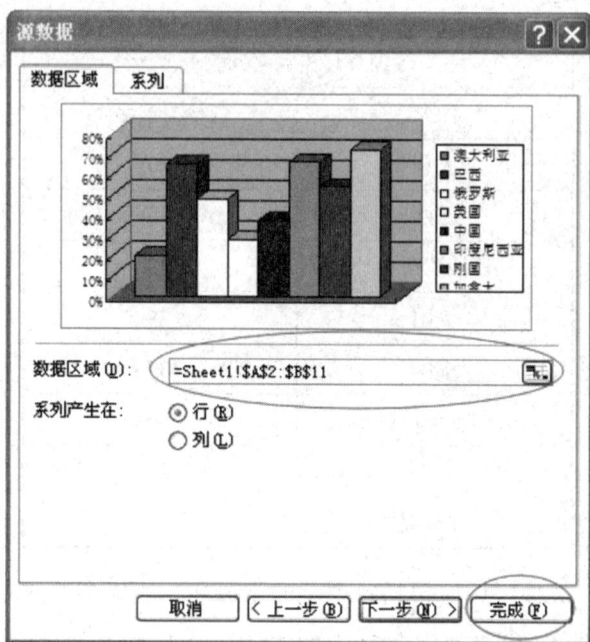

教师强调：注意图表数据源的修改，如数据选择有错误，在数据区域内可以更改数据，以及系列产生在行或列的区别。

3. 设置"图表选项"

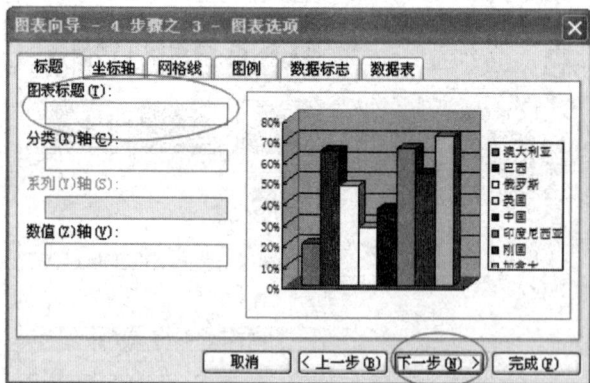

图表选项内可以添加图表标题、X轴、Y轴、网格线、数据标志等多项内容，教师演示并解释其具体作用。

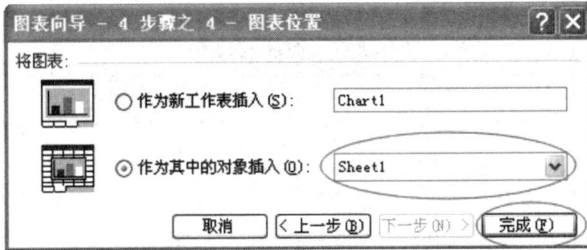

教师强调：图表位置不仅可以嵌入到当前工作表中，也可以放在另一张新工作表中。

继续完成任务，打开后面的工作表"全球森林面积分布"和"我国历年森林覆盖率"，让学生根据要求自行选择图表类型并制作表格。

全球森林面积分布	
国家	森林面积/亿公顷
澳大利亚	1.6
巴西	4.8
俄罗斯	8.1
美国	3
中国	1.97
印度尼西亚	0.88
刚果	1.3
加拿大	3.1
其他国家	14.76

我国历年森林覆盖率	
年份	森林覆盖率/%
1944	8.6
1968	11.2
1978	13
1988	12.9
1998	12.92

续 表

我国历年森林覆盖率	
年份	森林覆盖率/%
2004	15.75
2009	19.01
2013	28.76

设计意图：通过阅读课本或者借助学生素材帮助的引导，让学生带着任务自主探究学习，培养学生独立探究和学习信息技术的能力，提升认知。让学生结合实例对图表的选择进行针对练习、强化练习，学会用恰当的图表来准确地描述数据关系，分析数据，分析成因，得出合理的结论。

师：下面请同学们欣赏一些图表作品，欣赏的同时思考不同类型的图表适合表达什么样的数据关系。

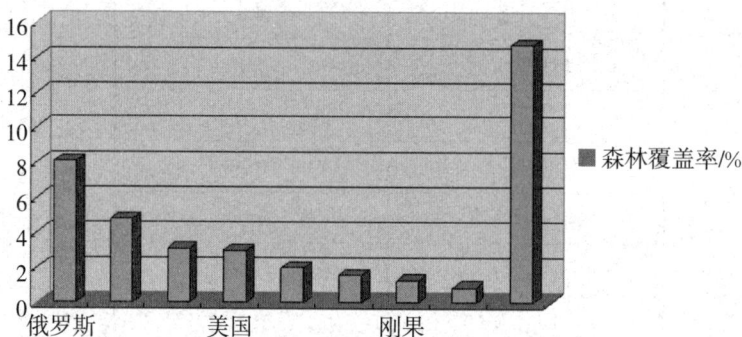

森林覆盖率（%）

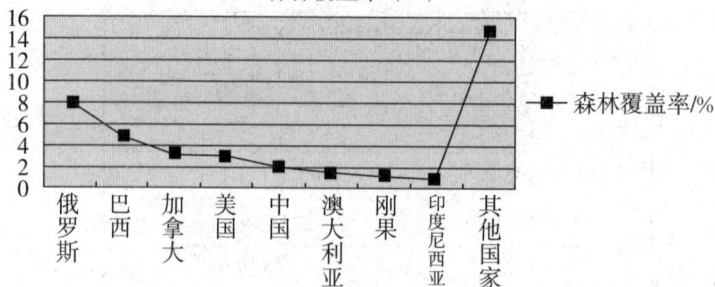

森林覆盖率（%）

森林覆盖率/%

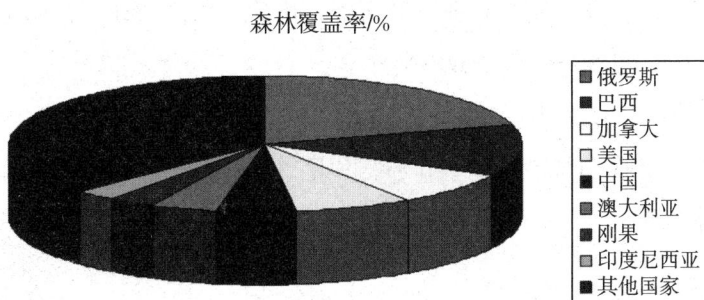

图例：
- 俄罗斯
- 巴西
- 加拿大
- 美国
- 中国
- 澳大利亚
- 刚果
- 印度尼西亚
- 其他国家

师：根据以上问题大家讨论分析哪种图表最合适表达什么样的数据关系。

教师提问，请学生回答。

师生共同讨论得出结论：柱形图适用于比较数据之间的大小；折线图适用于分析数据的变化趋势；饼图适用于观察不同种类在整体中的比例。

设计意图：本环节是解决问题的重要环节，教师灵活处理，重点归纳，经师生共同交流讨论得出常见三种图表的优势，符合学生的一般认知规律。

（三）综合练习

师：下面请同学们打开"学生练习.xls"中的进阶题，自选一题完成。

（1）对使用一次性筷子的情况作了问卷调查并得出了以上数据结果，请你选择合适的图表分析出使用一次性筷子前闻过它的气味有百分之（　　　）的人，图表中要求显示出百分比。

教师巡视指导难点问题：图表数据的选择，选择区域应包括每列上的字段名，不能多选或漏选，如有两个不连续的区域选定，则需要配合键盘上的"CTRL"键来选定。

（2）图表修饰，调整图表的大小、字体、背景等，给图表"穿上"漂亮的外衣。

教师巡视指导难点问题：好的图表有时需要美化加工，指导学生简单修饰美化所做的图表，美化图表的窍门是想修改谁，就双击谁。

（3）请用一张图表分析出八年级哪个班可以获得最佳节水红旗，哪个班可以获得最佳节电红旗，要求有图表标题，分类x轴的名称。

最佳节水班级：（　　　）　最佳节电班级：（　　　）

教师巡视指导难点问题：解释系列产生行和列的区别；Excel图表制作时，

怎么判断系列产生在行还是列呢？其实就是用什么做横坐标，行就是用选区的首行做横坐标，列就是用首列做横坐标了。

设计意图：为了使学生能得到更加充分的发展，真正做到因材施教，向他们分层次提出任务，教师不直接告诉学生应当如何解决这个问题，让学生通过看素材帮助和独立探索，在活动的过程中掌握应用图表处理解决问题的思想和方法。

（四）评价量规

学生填写综合实践评价表，接着教师组织学生组内欣赏同学的作品，然后组内互评。

第_____组　　　　姓名：_____

内容	评价结果		
能否制作简单的图表	是		否
了解数据与图表的关系	是		否
柱形图的建立	完成		未完成
	独立完成	通过帮助	原因：
折线图的建立	完成		未完成
	独立完成	通过帮助	原因：
饼图的建立	完成		未完成
	独立完成	通过帮助	原因：
进阶题	完成		未完成
	独立完成	通过帮助	原因：
自我评价			
组内评价			

（五）总结归纳

1. 图表的类型

图表类型	适用场合
柱形图	适用于数据的大小比较
折线图	适用于分析数据的变化趋势
扇形图	适用于数据比例的使用

2. 制作及修改图表

制作图表四步：选择图表类型、选择图表数据源、设置图表选项、选择图表生成位置。

修改图表：想修改谁，就双击谁。

九、教学反思

我在2012年6月教学设计的基础上对本案例进行了改版。通过两次实践，我认为它有如下几个优势：

（1）通过生动、有趣的案例，为学生展示了魅力无穷的数据图表。

（2）教学过程带领学生进行分析推理，丰富了课程内涵，体现了课改精神，培养了学生分析问题、解决问题的能力。

（3）学生上完本课后，对初中信息技术课程有一个全新的感觉，兴趣非常的浓厚。

（4）本课学生学习了用图表方式来描述数据，使数据关系直观、清晰地表现出来，明白了图表建立的一般步骤，也知道了如何选用合适的图表来准确地描述、表达数据关系。希望大家参与到环保行动中来，从自我做起。

（5）存在的问题：通过两次教学，从学生反馈可以看出，由"演示剥夺实验"比较难推导出"图表信息是数据分析的基本条件"，因为"图表"跟"数据"的概念是不一样的。

控制与设计——停车入库

科目	人工智能
课题	第二章第八节第八课 《控制与设计——停车入库》
授课时数	1课时（40分钟）
教学形式	多媒体教学 启发式教学法、任务驱动法、案例结合
教学目标	1.知识与技能 （1）了解创意实验室中逻辑运算符、关系运算符的概念。 （2）学会使用动作类别的积木控制角色移动、旋转。 （3）掌握逻辑运算符"…并且…"积木的使用。 （4）学会选择合适的循环结构解决简单问题。 2.过程与方法 （1）通过生活中停车的例子引入，激发学生的学习兴趣。 （2）通过项目分析、任务分解，使学生学会将复杂的编程项目分解为一个个任务。 （3）通过编程知识点讲解结合编程实践，让学生使用创意实验室完成任务。 3.情感态度与价值观 （1）通过循环结构和分支结构的嵌套编程学习，培养逻辑思维。 （2）通过将编程与实际生活联系，培养学生解决问题的能力。 （3）通过创意实验室完成项目，培养学生的跨学科解决问题的能力
重点	引导学生了解创意实验室中逻辑运算符、关系运算符的概念；引导学生使用动作类别的积木控制角色移动、旋转
难点	引导学生使用逻辑运算符"…并且…"来判断汽车的坐标位置，从而控制程序停止

一、教材分析

本节课是针对我校开展人工智能活动——扣叮创意编程教学内容中的第八课,本节课是学生在熟悉了扣叮创意编程平台操作,对移动、旋转等简单的编程积木块有了一定认识的基础上设计的一个作品。通过生活中停车的例子,激发学生学习兴趣,旨在引导学生进一步掌握控制角色的移动、旋转,并且掌握逻辑运算"并且"关系的使用,让学生学会选择合适的循环结构解决简单问题,培养学生的逻辑思维,为后续掌握更多交互性知识点做铺垫,让学生更积极主动参与后续的编程学习,激发学生的创造思维。

二、学情分析

本节课的教学对象是八年级学生。这一部分学生在小学及七年级时已经接触过人工智能编程活动,具备基本的人工智能操作技能和一定的信息素养。这是八年级学生在对移动、旋转等简单的编程积木块有了一定认识的基础上设计的一个作品,学生在学习这一部分的内容会比较容易。自开展这门课程以来,学生响应强烈,兴趣盎然。但由于学生计算机基础知识薄弱,因此在开展编程课时,内容设计应尽量从贴合学生感兴趣的、易理解的案例着手。本节课就是以生活中常见的停车入库为例,从而提高学生的兴趣。老师的表扬与同学的夸奖都会成为学生学习的一个很好的动力,所以我们设置了四个任务"温故知新—小试身手—初露锋芒—大展拳脚",让每个学生自己尝试闯关,充分将课堂气氛调动起来。

三、教法

本课教学中体现以人为本的思想,体现以学生为中心。教师只是一个组织者、引导者、帮助者,学生是学习的主体。在教学中以实际任务驱动为主线,学生在教师的引导下围绕着任务自主探究,进行生动活泼、富有个性的学习。教学应力求能体现"以学论教"的原则,学生能做到的教师绝不包办代替,倡导学生主动参与探究,培养学生创新意识和创新能力;力求在自主学习、探究活动中增强学生的能力,在潜移默化中提高学生的素质。

四、教学过程

教师活动	教师导学	学生活动	设计意图
课程导入	我们今天要学习的是扣叮编程赛事专题课程的第八课《控制与设计——停车入库》	听教师讲解课程环节	通过展示生活中的停车入库场景，激发学生的学习兴趣，引导学生思考，与教师进行互动
	本课共分为五个环节，分别是课程引入、项目分解、任务实现、总结与分享、知识拓展		
	接下来开始我们今天的课程吧		
	汽车让我们的交通出行更加便利，生活中停车场也很常见，各式各样的汽车按照固定位置，有序地停放在停车场里。同学们生活中有没有看到过停不进车的例子。想一想停车入库需要有什么功能	思考并回答教师问题，在学生手册上记笔记	
项目分解	请同学们观察我们模拟停车入库的效果，需要程序实现什么功能	观看动画效果，思考并回答教师问题	引导学生分析图中停车入库的项目，将项目分解为汽车移动、汽车停止、障碍物碰撞这三个任务
	下面来进行一个任务分解：根据我们看到的问题，我们的手动停车需要有三个功能，一个是汽车可以移动，另一个是汽车在正确位置停止，最后一个汽车碰到地上停车障碍物后回到原来位置	听教师总结视频内容。回答教师问题，在学生手册上记笔记	
	如何通过按下键盘上的"↑"键和"↓"键来控制汽车前后移动		引导学生使用合适的积木实现汽车移动
	我们可以通过"↑""↓"键控制汽车前后移动，完成这个任务需要使用运动类别中的"移动10步"积木块和侦测类别中的"按住按键"积木。注意向后移动的话需要修改为-10。同学们可以在学生手册上记录笔记。解：我们可以改变汽车面向的方向控制汽车向右移动	听教师讲解知识点，在学生手册上记录笔记	
	按住"↑"键是一个条件，如果这个条件被触发，我们就移动1步。但如果那么语句只判断一次，所以我们按下后并不能一直移动，所以我们需要重复执行		

续　表

教师活动	教师导学	学生活动	设计意图
项目分解	使用上述积木，实现按住按键后能够控制汽车前后移动3的效果	动手实践	
编程实践1	未完成的同学可以参考以下程序		引导学生使用合适的积木实现汽车移动
	观察图中的汽车，如何通过按下键盘上的"←"键和"→"键来控制汽车左右旋转	观察动图并思考如何实现左右旋转	
	我们可以通过"←""→"键控制汽车左右旋转，完成这个任务需要使用运动类别中的"旋转"积木和侦测类别中的"按住按键"积木。注意旋转是默认向右旋转，向左的话需要加−号		
	使用上述积木，实现按住按键后能够控制汽车前后移动3，左右旋转1°的效果	动手实践	
	未完成的同学可以参考"编程实践2"的程序		
编程实践2	我们思考一下：汽车处于什么位置会停止	思考并回答教师问题	引导学生使用合适的编程积木完成汽车停止
	我们可以看到汽车的x坐标必须为−159到−86，车才能停进去。x坐标取整数为−160到−90		
	同理，汽车的y坐标必须为−237到−226，车才能停进去。y坐标取整数为−240到−230		
	为了实现汽车停车入库，我们需要使用侦测类别的积木和比较运算符来侦测坐标是否符合条件	听教师讲解知识点	
	同时我们还要使用逻辑运算符"并且"来将所有的条件组合成新条件。"并且"的意思就是左右两个条件都要满足。这个条件才会成立		
	汽车的x坐标和y坐标应该在一个范围内，那么范围就包括两个条件，所以x坐标和y坐标的范围判断也需要用到逻辑运算符"并且"		
	教师可选择参照视频进行实操，加深学生印象。	观看教师实操	
	使用上述积木，当汽车的x大于−160小于−90，并且y大于−240小于−230时停止所有角色的程序	动手实践	
	未完成的同学参考"编程实践3"的程序		

教师活动	教师导学	学生活动	设计意图
编程实践 3	汽车什么时候会回到原点	思考并回答问题，在学生手册上记笔记	引导学生使用合适的编程积木实现当汽车碰到障碍物时返回原来位置的效果
	模拟停车入库可以多次尝试，汽车碰到障碍物了，就会返回原来的位置。所以这里我们需要侦测类别的积木和告诉积木。同学们可以在学生手册上记笔记。 解：需要搭配的是侦测类别的当前角色碰到入场汽车积木和移到（x, y）积木。我们可以把汽车拖动到入口来测量初始位置		
	使用上述积木，给障碍物编程，当障碍物碰到汽车时告诉汽车移动到（−350，−300）	回忆之前所学知识动手操作	
总结	我们来总结一下本节课学到的知识点	回顾本堂课知识点。结合学生手册完成本堂课重点知识点的复习	锻炼学生总结归纳、整理信息的能力
	1. 想要让汽车前后移动，我们主要使用的是动作类别的"移动1步"积木，我们还需要使用动作类别的"旋转1度"积木来改变汽车移动的方向		
	2. 在创意实验室中，运算类别的"…并且…"积木和"…或…"积木被称为逻辑运算符，运算类别的"…<…"积木和"…>…"积木被称为关系运算符		
	3. 障碍物碰撞：在创意实验室中，我们使用了控制类别的"重复执行"积木和"如果…那么…"积木来实现重复判断，当前角色是否碰到了入场汽车是一个条件，只有这个条件满足后，汽车才会回到原点	回顾本堂课知识点。结合学生手册完成本堂课重点知识点复习	锻炼学生总结归纳、整理信息的能力
分享作品，布置练习	分享一下你的作品，用到了什么积木，学到了什么知识	展示作品	
知识拓展	在汽车移动环节，为什么不使用事件积木	思考并回答教师问题，听教师讲解。	引导学生思考可以解决问题的不同积木有什么区别？最优积木如何选择
	想要单独完成汽车移动这个任务的话，可以使用事件类别的积木，控制汽车前后移动，左右旋转，这次我们选用分支结构来控制汽车移动，是因为"停止所有角色"积木不能控制事件的停止，只能控制"当开始被点击"这个事件的停止。如果使用事件积木，那么当汽车停进车位后也可以移动		

四、教学反思

在本课教学活动中，课堂学习氛围较好，学生参与度较高，对知识点的操作反馈也较好，重难点突出。整个教学过程中，我感觉做得比较好的是以下几点。

（1）以游戏为驱动。把每个项目任务分为几个小任务，环环紧扣，关关突破，学生的学习兴趣高。

（2）学生学习方式的转变。学生整堂课都是在教师的引导下自主地去学习，教师没把教学任务一个一个地去讲解，很好地培养了学生分析问题、解决问题的能力。

（3）学生操作习惯的改变。课堂上通过"分析问题—寻找问题解决途径—实践操作"等一系列过程培养了学生的自主操作能力。

个人觉得今后需要改进的地方：

（1）搜索网络资源时，应引导学生注意关键词的索引。

（2）多关注学困生并加强对学困生的辅导。

第四章

教学案例展示

智慧农业——"小农人"

一、学习目标

科学方法：了解农业中智能化的养殖、种植的技术与科学原理。

创新设计：运用人工智能技术与智能硬件，尝试设计制作一个简单的智慧农业管理装置。

创新思维：经历运用科学技术解决生活中常见问题的一般过程，了解其方法。

二、观察台

党的二十大报告中要求，"全面推进乡村振兴""扎实推动乡村产业、人才、文化、生态、组织振兴，确保中国人的饭碗牢牢端在自己手中"。习近平总书记强调，解决好吃饭问题始终是治国理政的头等大事。农业在国民经济中发挥着重要的基础作用，智慧农业是当今世界农业发展的大趋势。智慧农业的核心价值在于将所有影响农业的重要因素数据化，指导农民的生产活动，从而降低成本，提高产出和品质，同时增加产品附加值。相信在不久的将来，中国越来越多的种植户都能切实看到运用先进技术带来的效益。

（一）问题清单

关键问题：智慧农业是如何实现的？你了解土壤湿度传感器、温度传感器、光照传感器的特点及如何设置传感器吗？请同学们进行实地调查和使用文献法，运用发散思维，提出构建智慧农业管理装置的更多好想法、好办法。

（二）学习任务卡

查阅相关资料，根据简易智慧农业管理装置的工作原理与结构，尝试设计并制作一款简易智慧农业管理装置，通过土壤湿度传感器记录土壤信息，通过温度传感器记录温度信息，从而控制农作物的水分和调节温度等。

问题：怎样连接各传感器和LCD显示屏的接口？LCD显示屏有什么特点？使用LCD显示屏有哪些优势？还能用哪些显示屏代替LCD显示屏？你所了解到的智慧农业是如何规划与布局的？构建一个智慧农业项目需要怎样的科学方法与创新思维？

三、预备营

智慧农业管理装置课程是一门创意编程课程，整个作品不拘泥于知识的完备性，而更加注重知识的综合性与应用性；不拘泥于预设的严谨性，而更加注重课程的生成性与开放性；不拘泥于单一文化的继承性，而更加注重个体经历的过程性与体验性。

主要创新方法：模仿创新法、头脑风暴法和移植创新法。

（一）知识储备

1. 土壤湿度传感器

土壤湿度传感器又名土壤水分传感器、土壤含水量传感器，主要用来测量土壤相对含水量，用作土壤墒情监测及农业灌溉和林业防护，分为电容式和电阻式。这里我们用到的是电阻式土壤湿度传感器。电阻式土壤湿度传感器的敏感元件为湿敏电阻，其主要的材料一般为电介质、半导体、多孔陶瓷等。这些材料对水的吸附较强，吸附水分后电阻率/电导率会随湿度的变化而变化，这样的湿度变化可导致湿敏电阻阻值的变化，电阻值的变化就可以转化为需要的电信号。例如，氯化锂的水溶液在基板上形成薄膜，随着空气中水蒸气含量的增减，薄膜吸湿、脱湿，溶液中的盐的浓度减小、增大，电阻率随之增大、减小，两极间电阻也就增大、减小。又如多孔陶瓷湿敏电阻，陶瓷本身是由许多小晶颗粒构成的，其中的气孔多与外界相通，通过毛孔可以吸附水分子，引起离子浓度的变化，从而导致两极间的电阻变化。接线说明：

（1）V_{CC}外接3.3~5 V；

（2）GND外接GND（负极）；

（3）DO是数字信号输出接口（0和1）；

（4）AO是模拟信号输出接口，当土壤缺水时，传感器输出值将减小，反之将增大。

2. 温湿度传感器

温湿度传感器测量温度是利用内部的金属导体来实现的，外界温度升高导致金属导体的电阻值增加，从而测量出环境温度。使用率最高的金属导体是铂和铜，目前也开始使用镍、锰等金属材料作为传感器内的热电阻。

温湿度传感器测量湿度是利用传感器内的感湿材料，空气中的水蒸气吸附在感湿材料上时，感湿材料的阻抗和介电常数会发生改变，这样就制成了传感器内部的湿敏元件，从而可以测量出空气的相对湿度。

3. 主控板

Arduino UNO R3开发板是基于ATmega328P的微控制器板，具有14个数字输入、输出引脚（其中6个可作为PWM输出）、6个模拟输入、1个16Hz的CSTCE16MOV53-R0（陶瓷谐振器）、USB连接、电源插孔、ICSP接头和复位按钮。它包含支持微控制器所需的所有部分，只需要用USB线将开发板连接到计算机，或者使用交流、直流配适器或电池为开发板供电即可。

（二）组建团队

你打算如何来完成任务？与同学交换看法，找到与你一拍即合的伙伴组成团队。

（三）材料准备

图片	名称	作用	创新特点	科学方法
	土壤湿度传感器	此模块主要检测土壤环境的湿度，从而控制水泵使土壤湿度保持在一个稳定的范围内，保证了作物的生长		
	温湿度传感器	该模块实现对室内温湿度的检测，并且对检测结果进行反馈		
	光照传感器	光照传感器用于检测光照强度（简称照度），工作原理是将光照强度值转为电压值，主要用于农业、林业温室大棚培育等		
	Arduino Uno 主控板	Arduino Uno主控板可以独立用于项目开发的控制核心，也可以与PC进行直接的USB连接，从而完成与计算机间的互动		

四、研究营

集思广益，讨论智慧农业模型的设计方案。

智能农业模型（图/文字）	使用材料	相关元件的原理

五、实践营

（一）任务聚焦

将任务分解成若干个需要完成的小任务，再将小任务分解成一个个具体的步骤，合理安排，周密计划。可参考下面的"任务分析表（模板）"来设计自己小组的任务分析表。

任务分解	制作步骤	注意事项	创新方法
任务一：	第一步：		
	第二步：		
任务二：	第一步：		
	第二步：		
任务三：	第一步：		
	第二步：		

（二）设计方案

（1）请观察现有的智慧农业系统，结合你所了解的智能套件，把智慧农业管理系统设计图画在下面的方框中。思考：你采用了什么科学方法绘制智慧农业管理图样？使用了哪些创新技术？

活动指引卡
可以用不同方法画出智慧农业管理装置采集土壤湿度信息数据、空气温湿度数据、光照数据等，用来实现智能化农作物管理

（2）请观察智慧农业管理设计图，结合设计的"小农人"智能系统，把智慧农业管理装置的设计图画在下面的方框中。思考：你采用了什么科学方法绘制智慧农业管理装置图样？用哪种方法完成？还可以使用哪些创新技术？

<table>
<tr>
<td></td>
<td>活动指引卡
画出智慧农业管理装置平面图</td>
</tr>
</table>

（3）请跟伙伴交流讨论。根据讨论的构想设计程序流程图。程序流程图是进行程序设计的最基本依据，因此它的质量直接关系到程序设计的质量。思考：除了用流程图来表达程序算法外，还能用什么方式表达？

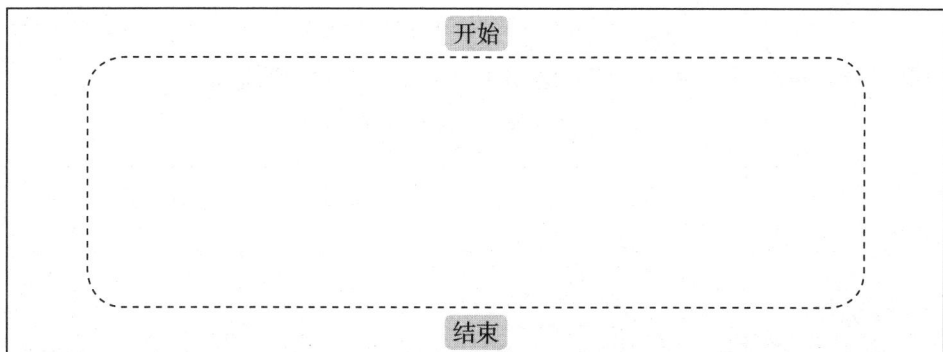

开始

结束

（三）尝试制作

根据初步的设计方案，试着动手制作你的智慧农业管理系统。

（四）改进完善

组内成员可以先讨论一下，团队设计出来的智慧农业管理系统在制作的过程中存在什么问题，如何进行改进，写出你所运用到的创新方法。按照讨论结果对初步设计方案做出优化，并再次调试运行。

讨论记录

问题1：＿＿＿＿＿＿＿＿＿＿＿＿＿＿＿＿＿＿＿＿
影响因素：＿＿＿＿＿＿＿＿＿＿＿＿＿＿＿＿＿＿＿
科学方法：＿＿＿＿＿＿＿＿＿＿＿＿＿＿＿＿＿＿＿
创新思维：＿＿＿＿＿＿＿＿＿＿＿＿＿＿＿＿＿＿＿
优化改进方法：＿＿＿＿＿＿＿＿＿＿＿＿＿＿＿＿
问题2：＿＿＿＿＿＿＿＿＿＿＿＿＿＿＿＿＿＿＿＿
影响因素：＿＿＿＿＿＿＿＿＿＿＿＿＿＿＿＿＿＿＿
科学方法：＿＿＿＿＿＿＿＿＿＿＿＿＿＿＿＿＿＿＿
创新思维：＿＿＿＿＿＿＿＿＿＿＿＿＿＿＿＿＿＿＿
优化改进方法：＿＿＿＿＿＿＿＿＿＿＿＿＿＿＿＿
问题3：＿＿＿＿＿＿＿＿＿＿＿＿＿＿＿＿＿＿＿＿
影响因素：＿＿＿＿＿＿＿＿＿＿＿＿＿＿＿＿＿＿＿
科学方法：＿＿＿＿＿＿＿＿＿＿＿＿＿＿＿＿＿＿＿
创新思维：＿＿＿＿＿＿＿＿＿＿＿＿＿＿＿＿＿＿＿
优化改进方法：＿＿＿＿＿＿＿＿＿＿＿＿＿＿＿＿

活动指引卡
可以从以下三个方面来分析：
（1）土壤湿度传感器对土壤水分信息的感应能力；
（2）光照传感器对太阳照射的感应能力；
（3）LCD显示屏对土壤、温湿度及光照度的显示状况

（五）智造创新

经过讨论和进一步的完善，我们制作的智慧农业系统已经基本具备当初设计的功能。现在，让我们以SCAMPER为维度来思考我们的整体设计。

创新素养思维SCAMPER学习单

Substitute 替换	我可以把＿＿＿＿＿＿换成＿＿＿＿＿＿，这样智慧农业管理装置就能＿＿＿＿＿＿
Combine 结合	我可以把智慧农业管理装置与＿＿＿＿＿＿结合，这样智慧农业管理装置就能＿＿＿＿＿＿
Adapt 加入	我可以在智慧农业管理装置中加入＿＿＿＿＿＿，这样智慧农业管理装置就能＿＿＿＿＿＿
Modify 调整	我可以调整智慧农业管理装置的＿＿＿＿＿＿，可以用的创新方法是＿＿＿＿＿＿，这样智慧农业管理装置就能＿＿＿＿＿＿
Put to other uses 用作其他用途	我可以把智慧农业管理装置用作＿＿＿＿＿＿
Eliminate 去除	我可以去除智慧农业管理装置的＿＿＿＿＿＿，这样智慧农业管理装置就能＿＿＿＿＿＿
Reverse or rearrange 逆转或重新排序	如果智慧农业管理装置不是＿＿＿＿＿＿，而是＿＿＿＿＿＿，这样智慧农业管理装置就能＿＿＿＿＿＿

六、展示台

（一）成果展示分享

通过查找资料，设计并动手制作智慧农业管理装置，相信你已经了解了一些科学、创新、信息素养、创新思维方面的知识和技能，并从中获得了不少感悟。请将这些内容整理一下，以创新素养教育手记、PPT或作品展示等你喜欢的方式呈现出来，并与同学和老师一起交流分享。说说你的成果运用了哪些科学方法，创新方法是什么，是运用了哪些创新思维实现的。

（二）学习反思评价

通过本节课的学习，你有什么收获与感想？

评价内容	自我评价	组内互评	教师评价
问题意识	☆ ☆ ☆ ☆ ☆	☆ ☆ ☆ ☆ ☆	☆ ☆ ☆ ☆ ☆
自主学习能力	☆ ☆ ☆ ☆ ☆	☆ ☆ ☆ ☆ ☆	☆ ☆ ☆ ☆ ☆
创新创造能力	☆ ☆ ☆ ☆ ☆	☆ ☆ ☆ ☆ ☆	☆ ☆ ☆ ☆ ☆
合作意识	☆ ☆ ☆ ☆ ☆	☆ ☆ ☆ ☆ ☆	☆ ☆ ☆ ☆ ☆
任务完成度	☆ ☆ ☆ ☆ ☆	☆ ☆ ☆ ☆ ☆	☆ ☆ ☆ ☆ ☆
科学方法	☆ ☆ ☆ ☆ ☆	☆ ☆ ☆ ☆ ☆	☆ ☆ ☆ ☆ ☆
创新方法	☆ ☆ ☆ ☆ ☆	☆ ☆ ☆ ☆ ☆	☆ ☆ ☆ ☆ ☆

创新思维自我反思：

七、拓展台

本次设计的智慧农业系统采用了Arduino主控板作为主控设计，外围使用传感器模块进行数据电路的设计，已经实现了智慧农业的功能，总体设计上能够实现温度数据的采集、土壤湿度数据的采集，方便用户进行一个温度值的设定。另外本系统设计还采用了水泵，当采集到的数据低于设定数据的时候，会通过水泵抽水来改善土壤湿度。但本系统还不是很完美，还有很多需要完善的地方，还可以用更科学的方式方法、创新技术实现更加智能化的农业管理装置。另外，由于受时间、空间所限，本文所完成的方案、电路仅是在实验室中进行调试，并未考虑到实际的参数测控所需的数据传输情境，以及传感器的数量、如何布设和安装等问题。同时，也没有针对实际农业中的蔬菜种类对各参数变量的植物特性要求进行研究，存在着较多不足。

智能停车场

一、学习目标

科学方法：自动控制产品创意构思，使用超声波传感器实现超声波控制功能。

创新设计：用图样表现自动控制产品，绘制电路原理图，掌握LCD车位显示屏的使用功能。

创新思维：运用物化能力实现产品功能、电路连接、结构搭建和程序编写。

二、观察台

随着社会经济的发展，各城市的汽车数量也在与日俱增，从而引发了停车管理问题。一般的停车场车位控制系统多安装在进出口处，能准确记录车辆的进出情况，为需要进入停车场的车辆提供车位信息，极大方便了车辆的停放与管理，具有非常大的实用价值。

思考：你了解停车入库系统吗？你知道停车入库系统是怎样工作的吗？你知道可以运用哪些创新方法来实现吗？为什么要用超声波传感器记录车辆进出信息？你了解超声波传感器的特点及如何设置传感器吗？除了用超声波传感器记录车辆进出信息，还能用什么记录？请进行实地调查和使用文献法，运用发散思维，提出构建停车场车位管理装置的多种好想法、好办法。

三、预备营

查阅相关资料，了解停车入库系统的工作原理，自己设计并制作一款停车入库智能装置，通过智能传感器记录车辆进出信息，从而控制进出停车场的各种车辆。

思考：怎样连接传感器和LCD显示屏的接口？LCD显示屏有什么特点？使用LCD显示屏有哪些优势？还能用哪些显示屏代替LCD显示屏？你所了解到的智能停车场是如何规划与布局的？构建一个智能车库需要怎样的科学方法与创新思维？

假如停车场有8个车位

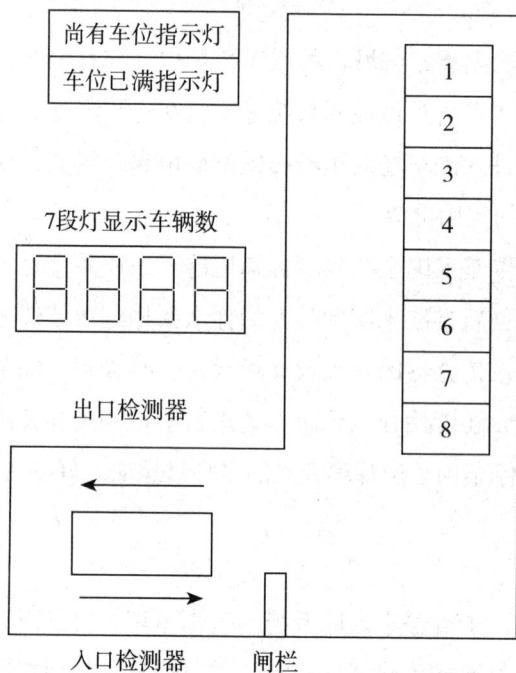

四、研究营

本课是一门创意编程课程，学生在设计、制作、展示、阐述等一系列程序中学会提炼在课程实验中发现的问题，并以问题为导向来拟订修改方案、总结经验、分享心得。这充分体现了信息科学学科应有的科学方法、创新方法和创新思维。

创新小组成员	
设计草图	
创新点	

（一）组建团队

你打算如何来完成任务？与同学交换看法，找到与你一拍即合的伙伴组成团队。

（二）知识储备

1. 超声波传感器

停车场大都采用超声波传感器，这能更有效地检测车辆，将超声波传感器安装在闸道口。当车辆进出闸道口时，传感器接收到"刺激"，根据反射回来光的信号变化感应车辆，智能系统做出指令，闸道口打开或者关闭。

2. LCD显示屏

车位显示屏是用于显示停车场内车位信息的设备，用数字和文字形式实时显示当前停车场内还剩余多少空车位，车位显示屏显示空车位数可避免车辆开进停车场而没有空车位的麻烦。

3. 主控板

Arduino Uno是最常用的开源硬件电路板，"Arduino"源于意大利语，是1000多年前一位国王的名字。

（三）材料准备

图片	名称	作用	创新特点	科学方法
	超声波传感器	既可以发射超声波，也可以接收超声波，传感器根据反射回来光的信号变化感应车辆		
	LCD车位显示屏	用数字和字符形式实时显示当前停车场内还剩余多少空车位		
	Arduino Uno主控板	Arduino Uno主控板可以独立用于项目开发的控制核心，也可以与计算机进行直接的USB连接，从而完成与计算机间的互动		

五、实践营

（一）任务聚焦

将任务分解成若干个需要完成的小任务，再将小任务分解成一个个具体的步骤，合理安排，周密计划。可参考下面的"任务分析表（模板）"来设计自己小组的任务分析表。

任务分解	制作步骤	注意事项	创新方法
任务一：	第一步：		
	第二步：		
任务二：	第一步：		
	第二步：		
任务三：	第一步：		
	第二步：		

（二）设计方案

（1）请观察现有的智能停车入库系统，结合你所了解的智能套件，把停车场车位管理系统设计图画在下面的方框中。思考：智能停车场图样你采用了什么科学方法？使用了哪些创新技术？

活动指引卡
可以用不同方法画出停车场车位管理装置，在入口处装设一传感器，在出口处装设一传感器，用来检测车辆进出数目

（2）请观察停车场车位场地，结合设计的停车场车位管理系统，把停车场车位场地的设计图画在下面的方框中。思考：停车场场地图样你采用了什么科学方法？使用了哪些创新技术？还可以用哪种方法完成？

活动指引卡
画出停车场车位场地平面图

（3）请你和团队成员根据初步的构想，讨论设计程序流程图。思考：流程图属于哪类科学方法？流程图又有哪些创新之处？除了用流程图来表达，还可以用什么表达方式？

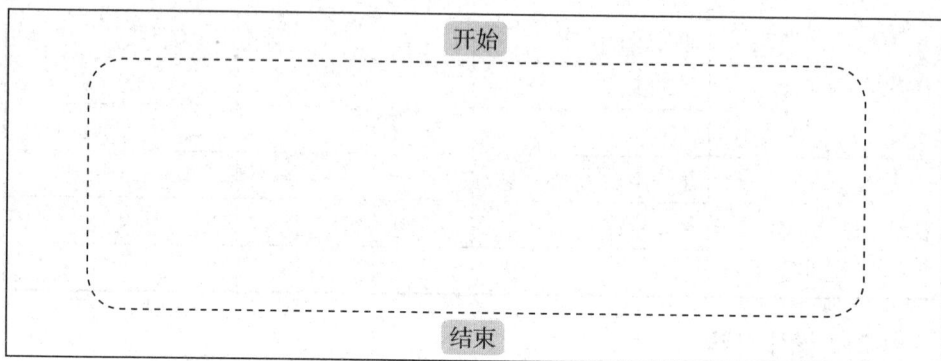

开始

结束

（三）尝试制作

根据初步的设计方案，试着动手制作停车场车位管理系统。

（四）改进完善

（1）牛刀小试。填写"发明技法的创新思维表"。

创新物品	技法			
	加一加	减一减	扩一扩	缩一缩
剩余车位定位	增加一个传感器			
路线提示				
与本系统相关的一种物品				

（2）组内成员可以先讨论一下，团队设计出来的停车场车位管理系统在制作的过程中存在什么问题，如何进行改进，写出你所运用到的创新方法。按照讨论结果对初步设计方案做出优化，并再次调试运行。

讨论记录

问题1：＿＿＿＿＿＿＿＿＿＿＿＿＿＿＿＿＿
影响因素：＿＿＿＿＿＿＿＿＿＿＿＿＿＿＿
科学方法：＿＿＿＿＿＿＿＿＿＿＿＿＿＿＿
创新思维：＿＿＿＿＿＿＿＿＿＿＿＿＿＿＿
优化改进方法：＿＿＿＿＿＿＿＿＿＿＿＿＿
问题2：＿＿＿＿＿＿＿＿＿＿＿＿＿＿＿＿＿
影响因素：＿＿＿＿＿＿＿＿＿＿＿＿＿＿＿
科学方法：＿＿＿＿＿＿＿＿＿＿＿＿＿＿＿
创新思维：＿＿＿＿＿＿＿＿＿＿＿＿＿＿＿
优化改进方法：＿＿＿＿＿＿＿＿＿＿＿＿＿
问题3：＿＿＿＿＿＿＿＿＿＿＿＿＿＿＿＿＿
影响因素：＿＿＿＿＿＿＿＿＿＿＿＿＿＿＿
科学方法：＿＿＿＿＿＿＿＿＿＿＿＿＿＿＿
创新思维：＿＿＿＿＿＿＿＿＿＿＿＿＿＿＿
优化改进方法：＿＿＿＿＿＿＿＿＿＿＿＿＿

活动指引卡

可以从以下三个方面来分析：
（1）光电传感器对进入车辆的识别能力；
（2）光电传感器对开出车辆的识别能力；
（3）LCD车位显示屏对进出车辆的显示状况

（五）智造创新

经过讨论和进一步的完善，我们制作的停车场车位管理系统已经基本具备当初设计的功能。现在，让我们以SCAMPER为维度来思考我们的整体设计。

创新素养思维SCAMPER学习单

Substitute 替换	我可以把＿＿＿＿＿＿换成＿＿＿＿＿＿，这样停车场车位管理装置就能＿＿＿＿＿＿
Combine 结合	我可以把停车场车位管理装置与＿＿＿＿＿＿结合，这样停车场车位管理装置就能＿＿＿＿＿＿
Adapt 加入	我可以在停车场车位管理装置中加入＿＿＿＿＿＿，这样停车场车位管理装置就能＿＿＿＿＿＿
Modify 调整	我可以调整停车场车位管理装置的＿＿＿＿＿＿，可以用的创新方法是＿＿＿＿＿＿，这样停车场车位管理装置就能＿＿＿＿＿＿
Put to other uses 用作其他用途	我可以把停车场车位管理装置用作＿＿＿＿＿＿
Eliminate 去除	我可以去除停车场车位管理装置的＿＿＿＿＿＿，这样停车场车位管理装置就能＿＿＿＿＿＿
Reverse or rearrange 逆转或重新排序	如果停车场车位管理装置不是＿＿＿＿＿＿，而是＿＿＿＿＿＿，这样停车场车位管理装置就能＿＿＿＿＿＿

六、展示台

（一）成果展示分享

通过查找资料，设计并动手制作停车场车位管理装置，相信你已经了解了一些科学、创新、信息素养、创新思维方面的知识和技能，并从中获得了不少感悟。请将这些内容整理一下，以创新素养教育手记、PPT或作品展示等你喜欢的方式呈现出来，并与同学和老师一起交流分享。说说你的成果运用了哪些科学方法，创新方法是什么，是运用了哪些创新思维实现的。

优点			
缺点			
后续改进设想			
序号	评价项目	评价选项	评价（请打√）
1	其他小组对自己小组设计方案的总体评价是什么	不合格，设计不切实际，没有实际的技术支撑	
		一般，创意比较普通，与已有的设计大同小异	
		很好，创意新颖，可行性高，有市场价值	
2	在与同学的沟通中，你的表现怎么样	经常打断他人说话，发表自己的意见	
		能平心静气地听取意见	
		能畅所欲言，同时给予适当地反馈	
3	你觉得自己的创意是否有推广价值	创意一般，缺乏市场价值	
		创意新颖，但很难实现	
		创意很棒，可行性高，有价值	
4	在小组合作过程中，自己对小组有什么贡献	在小组中比较沉默，对项目贡献较少	
		调动同小组同学的创新思维，带给小组活力	
		以团队的整体目光为先，促成成员间融洽合作	
同学互评			
自我总结			

（二）学习反思评价

通过本节课的学习，你有什么收获与感想？

评价内容	自我评价（ABCD）	组内互评（ABCD）	教师评价（ABCD）
创新精神			
问题意识			
自主学习能力			
创新创造能力			
合作意识			
任务完成度			
科学方法			
创新方法			
创新思维自我反思：			

七、拓展台

本装置是自动化停车管理系统，能自动显示空车位数量，是智能的现代化设备。但本系统还不是很完美，还有很多需要完善的地方，还可以用更科学的方式方法、创新技术实现更加智能化的停车场车位管理装置。另外本智能装置需要使用多个超声波传感器实现车辆进出信息，占用较多引脚，还有没有更好的办法解决此问题以实现更多的功能？把你的创新思维用思维导图呈现出来。

智能防儿童坠楼安全窗户

一、选题原因、解决的问题及目标

现在，城市楼房建设成本越来越高，而对应的安全措施却不到位，尤其是针对儿童的家庭安全保护设备，十分缺乏。再加上忙碌的家长没有足够的时间照顾孩子，喜欢将孩子独自一人放置家中，或者某些家长存在着疏忽大意、意识不足的问题，这很容易导致儿童从家庭窗户上爬出，从而造成危险。据报道，某城市一名5岁男孩在家中从18楼坠下，不治身亡；某城市一名3岁孩子从10楼悬窗坠下，受伤严重。此类事故层出不穷。然而，传统的家庭防盗窗只能待儿童坠落时起到阻挡作用，并不能在儿童即将坠落时将其阻隔在窗户内。因此，亟须设计一种可将儿童阻隔在窗户上的防坠落安全预警装置。

我们现在常用的窗户都是面积比较大的铝合金窗，一般是两扇左右推的玻璃窗，一扇窗的面积很大，推开后大人可以很容易地跳出去，小孩就更容易了。那是否可以改造窗户的结构，设计一个防小孩坠落的安全窗呢？

我设计的智能窗户能够自动检测孩子与窗的距离，在孩子接近窗户时自动关闭，并发出警报声，孩子走远自动开启。除了保护孩子，智能窗户还有防盗实时报警等功能。

二、实施路径

防坠楼安全窗就是在普通的窗户上方安装超声波探测器，来探测是否有探出窗户的物体，当探测到物体时或人时，会触发开关及警报装置。当超声波检测到有物体或儿童接近窗户时，安全窗自动关闭，一旦窗户外的安全窗启动，警报会响起，提醒人们救援。

智能家用儿童防坠落安全预警装置包括：①装置主体；②语音输出模块；③室内一侧安装有控制器；④外侧与窗户相连；⑤中间位置设置有舵机控制器。

家用儿童防坠落安全预警装置的特征：窗户表面外侧安装的超声波传感器、红外线传感器、信号输出引脚与控制器中的A/D转换引脚电性相连。

三、具体过程

需准备：Arduino集成电路主板1块、2个红外传感器、1个超声波传感器、蜂鸣器1块、USB电源线1根、舵机控制器1个、纯手工制作的硬纸皮建筑模型。

我们决定发明一种安装在窗户上的防坠落报警器。这种报警器既美观，又具有预警功能。一旦检测到人们将头或者手伸到窗户外面，它就会发出报警声，让人快速察觉并将头或手收回，及时关闭窗户，避免或减少不必要的伤亡。

方案设计：窗户防坠落报警器由自制窗体、2个红外感应开关、降压模块、语音录放模块、喇叭组成。2个红外感应开关装在自制窗体的顶部，降压模块、语音录放模块和喇叭则装在窗体侧边。2个红外感应开关的输入输出电压均为12 V，降压模块的输入电压为12 V，输出电压为6 V，语音录放模块的输入电压为6 V。调节好红外感应开关的感应距离后，当头或手靠近窗体，红外感应开关就会被触发，降压模块接通，语音录放模块发出声音，如"危险，请远离窗体！"当人们离开感应区域时，报警器停止工作，同时重新打开窗户。

研制过程：①购买红外感应开关、降压模块和语音录放模块。②组装电路。将2个红外感应开关、降压模块、语音录放模块和小喇叭装在相应位置。再用数据线依次连接降压模块、语音录放模块和小喇叭。③用激光切割机切割出窗体模块，并用热熔胶枪将其拼装。将2个红外感应开关安装在自制窗体的顶部，把降压模块、语音录放模块和小喇叭装在窗体的侧边。

作品创新点：①采用红外感应开关，实现了提醒装置自动化。②2个红外感应开关并联设计，只要1个检测到人的头或手伸到窗外，就会报警，保证检测无死角。③采用语音提醒，效果好。

四、成果与评价

防护设施不到位是儿童坠楼事件频发的原因之一。本作品为一种具有高安全性、智能监控、实时检测的基于超声波传感器的防儿童坠楼安全窗。本系统通过超声波探测器检测出儿童接近窗户时可能出现的危险，同时控制电动防护装置关闭窗户，发出警报，自动规避儿童坠楼的危险。本科创作品荣获第33届韶关市青少年科技创新大赛一等奖。

与现有安全窗相比，新型智能防儿童安全窗具有以下优点：①可以防止高空坠物，能保证老人、小孩在窗口活动的安全性；②不影响建筑正常的通风和采光；③视野良好，建筑风格不受影响；④对金属资源的消耗极低，极大减少金属资源的浪费，绿色环保；⑤真正实现"物防+技防+人防"；⑥成本低，有利于市场推广。

无人驾驶汽车（智能汽车）

一、问题情境

无人驾驶汽车是智能汽车的一种，也称为轮式移动机器人，主要依靠车内的以计算机系统为主的智能驾驶仪来实现无人驾驶。

我们都有这样的经历：等公交等到心力交瘁，下车后还要走一大段路才能到目的地。如果有一辆无人驾驶汽车，能立即出现在你家门口，把你带到指定地点，何乐而不为呢？对于消费者来说，由于不需要驾驶员，按需专车的费用可能会比传统出租车便宜。如果你和别人一起拼车的话，那会更便宜。

思考：你想亲自设计智能交通工具吗？未来的汽车会是怎么样的？它们具有哪些功能？请你在下面的横线上写下来。

_____

_____

_____

_____。

二、活动目标和作品要求

智能无人驾驶汽车是利用车载传感器来感知车辆周围环境的，并根据感知所获得的道路、车辆位置和障碍物信息，控制车辆的转向和速度，从而使车辆能够可靠地在道路上行驶。下图中是无人驾驶汽车车载系统和行驶中的无人驾驶汽车。

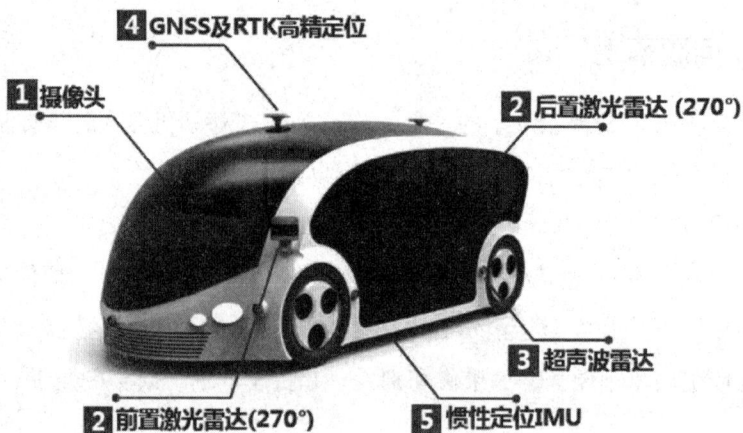

（一）活动目标

本次设计的智能无人驾驶汽车主要是通过避障红外传感器检测前方是否遇到障碍，然后将信号传送到主控板内部，再由主控板将接收到的信号传送到电机驱动模块，最后电机驱动模块根据接收到的信号控制安装在两个轮子上的电机的停转来实现小车的避障转弯。当小车前方左边的红外传感器检测到前方有障碍物时，就会产生一个低电平，经过一系列的传送，最后控制小车右边的电机停止转动，小车左边的电机继续转动，小车将避开左边的障碍物向右边运动。同理，当小车右边前方有障碍物时，小车左边的电机将停止转动，小车右边的电机单独运行，小车将避开右前方的障碍物向左边转弯。当两边的红外传感器同时感应到前方有障碍物时，本设计指定为停止运行。当两边的红外传感器都没有检测到障碍物时，表示前方没有障碍，这时小车左右两边的电机同时运行，小车将直行。

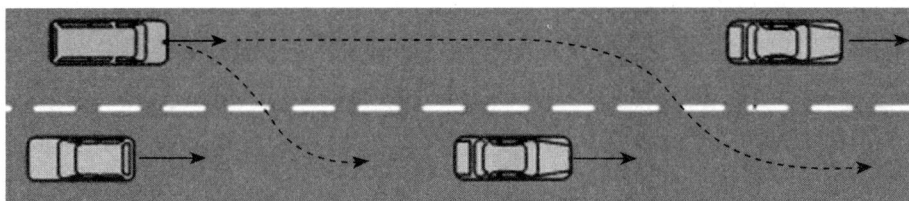

（1）无人驾驶汽车是通过什么来感知道路环境的？请你在下面的横线上写下来。

_____

_____

_____

_____

_____。

（2）你认为无人驾驶汽车在未来会得到广泛普及吗？请你在下面的横线上写下来。

_____

_____

_____

_____

_____。

（3）如果让你进行无人驾驶汽车设计，你需要考虑哪些因素？请你在下面的横线上写下来。

_____

_____

_____

_____ 。

（二）作品要求

1. 基本要求

本案例的无人驾驶汽车能正确选择车道，感应障碍物，自动避免冲撞，系统设定汽车的前进路线，该方案采用的是避障红外传感器进行感光，从而检测小车的前进方向。该方案中小车的前进与后退是在同一路线上进行的。光线照射到路面上，根据在路上线路的路面颜色的不同、反光系统的不同，影响反射光的强弱从而检测到所要走的线路，利用红外传感器发射与接收装置，来测定所要走的路线。该方案传感器必须装在小车的底盘前沿，靠近路面。

2. 发挥部分

设计制作一个遇到"悬崖"便能及时刹车的系统，进一步优化，实现遇到"悬崖"时及时后退，并调整方向，该如何改进呢？考虑一下后面也遇到"悬崖"该怎么办，需要增加哪个传感器？请你在下面的横线上写下来。

_____

_____

_____

_____ 。

三、材料工具

根据无人驾驶汽车的功能模块，可将无人驾驶的关键技术分为：定位导航技术、环境感知技术、规划决策技术和自动控制技术。

（一）定位导航技术

分层	各层包含信息
基础信息层	车道斜坡、倾斜角、航向 车道个数、方向、宽度 车道线、位置、类型
道路信息层	车道可通行高度 红绿灯、人行道 限速等标志牌、隔离带等信息
环境信息层	周围建筑物信息
其他信息层	天气信息 施工信息 拥堵、意外事故等信息

（二）环境感知技术

下表是环境感知传感器功能比较。

功能	摄像头	激光雷达	毫米波雷达
车道线检测	√	√	×
路沿检测	√	√	
障碍物相对位置、距离检测	√	√	
障碍物运动状态判断	√	√	
障碍物识别、跟踪	√	√	
障碍物分类	√	×	
红绿灯、交通标志识别	√	×	

（三）规划决策技术

规划决策模块相当于智能车的大脑，它通过综合分析环境感知系统提供的信息，对当前的车辆行为进行规划（速度规划、避障局部路径规划等），并产生相应的决策（跟车、换道、刹车等）。

（四）自动控制技术

自动控制模块主要包括转向、驱动和制动三个系统。

工具的选择：你从以上这四种关键技术中，会选用哪些工具来制作无人驾驶汽车？

四、创客实践

（一）任务分析

无人驾驶涉及的技术可以分为感知和决策两个层面，一方面通过传感器数据获取局部数据（车辆自身及四周环境的数据），另一方面结合高精度地图和天气数据构建全局数据。数据综合起来将与决策层做协调应用，辅助系统做定位和导航，再结合算法模型做路径规划，控制车辆的转向和速度，实现驾驶自动化。决策层得到的数据部分也会反馈回高精度地图上。

（二）流程设计

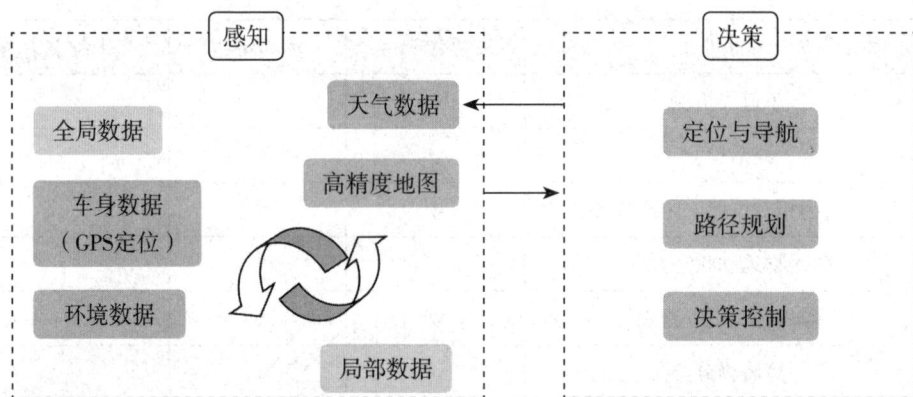

（三）程序编写

根据以上模块程序流程示意图，编写相关功能的程序代码，并上机进行调试，请把结果写在下框中。

（四）组装与调试

（1）设计一辆无人驾驶汽车。

（2）明确任务，本项目以Arduino主板为核心控制器，采用智能寻迹、光电转换等技术设计一种具有自动寻迹行驶、避障、防撞等功能的无人驾驶汽车。

（3）完成组装，请写出采用了哪些材料、工具。

材料、工具	实现功能

（4）制作模型，完成设计后，请使用相应的材料制作智能无人驾驶汽车的模型。

五、分享展示

请向其他同学展示你的无人驾驶汽车，展示前请写下展示提纲。

创客手记

韶关市一中实验学校八年级（8）班第六小组　钟同学

六、任务进阶

无人驾驶汽车的商用落地仍然有很多技术挑战需要攻克。

（1）复杂路段如何像人类驾驶员一样进行感知？

（2）高速场景下如何精准控制？如何识别复杂的交通标识、交警的手势？

（3）如何控制成本？

（4）如何构建安全稳定的无人驾驶软件系统？

（5）如何将无人驾驶技术应用到更多特定的领域？

这些问题很多都是科学问题而非工程问题，需要科学技术作为支撑去解决。

智慧幼儿园校车的儿童滞留报警装置

一、选题原因、解决的问题及目标

近年来，曾经发生过多起幼儿被遗忘在幼儿园校车内，因高温窒息致死的事件。当人们看到这样的新闻时，不禁想到，如果有一种简易装置，能在幼儿滞留校车时及时报警，提醒司机或其他成人，不就可以避免这样的事故发生了吗？

要设计这样的装置，就要从分析具体情况开始。我认为，这个报警装置需要达到这样的目标：在校车熄火后，它能自动检测车内是否有幼儿滞留，可以用探测人体某项信号的探测器来扫描车内空间。我考察了各种探测器后，发现红外线传感器和温湿度传感器能满足所需。

红外线传感器，被广泛应用于防盗报警、来客告知及非接触开关等应用领域。可将其安装在超市自动门、自动水龙头等通过感应获知是否有人使用的公共物品上。温湿度传感器，简单来讲，就是将温度转换为电信号输出的传感器。

制作好小车模型后，按照设计好的电路图，将传感器和报警器等元件连接好，就完成了这项校车防滞留报警装置。当校车熄火后，该装置就接通电路。温湿度传感器探测座位上是否有温度，查知是否有人滞留在座位上；红外线传感器则探测车内空间是否有人滞留；触摸开关则探测车内空间是否有人滞留在座位上。任一传感器探测到有人滞留的话，就会发出声光警报，提醒成年人注意，从而达到报警的目的。报警装置所用的材料简单，成本低廉，适合用作校车改装。

二、实施路径

（1）具有防滞留报警系统的幼儿园校车，车辆感应单元应设置在校车主体内，车门感应子单元设置在车门边框处，驱动系统感应子单元与校车驱动系统相连；人员感应单元设置在校车主体内，包括设置在每一个座椅上的座椅感应子单元及设置在车厢内壁顶部的红外线感应子单元；控制单元设置在校车主体内，与车辆感应单元及人员感应单元相连，根据车辆感应单元发出的信号，控制人员感应单元的运行；报警单元设置在车厢的顶部，与控制单元相连，用以发出警报。

（2）具有防滞留报警系统的幼儿园校车，其红外线感应子单元包括多个热释电传感器，热释电传感器均匀设置在车厢内壁的顶部，用以检测车厢内是否有人员滞留。

（3）具有防滞留报警系统的幼儿园校车，其报警装置为声光报警器。

（4）具有防滞留报警系统的幼儿园校车，还包括测温仪，测温仪设置在车厢内，并与控制单元相连。

三、具体过程

为了实现上述目的，本案例采用以下技术方案：校车人员滞留检测装置，包括微处理器，微处理器分别连接红外传感电路、报警电路及供电电源。红外传感电路的输出端连接微处理器，红外传感电路包括能检测人具体位置的红外阵列传感器；微处理器的输出端连接报警电路。

制作骑车模型：

（1）截取数块多层木板。

（2）用热熔胶枪将数块木块粘成一辆车子的模型。

接下来需准备Arduino集成电路主板1块、红外传感器1块、温湿度传感器1块、蜂鸣器1块、LED灯1只、USB电源线1根、触摸开关1块，纯手工制作的硬木板汽车模型。

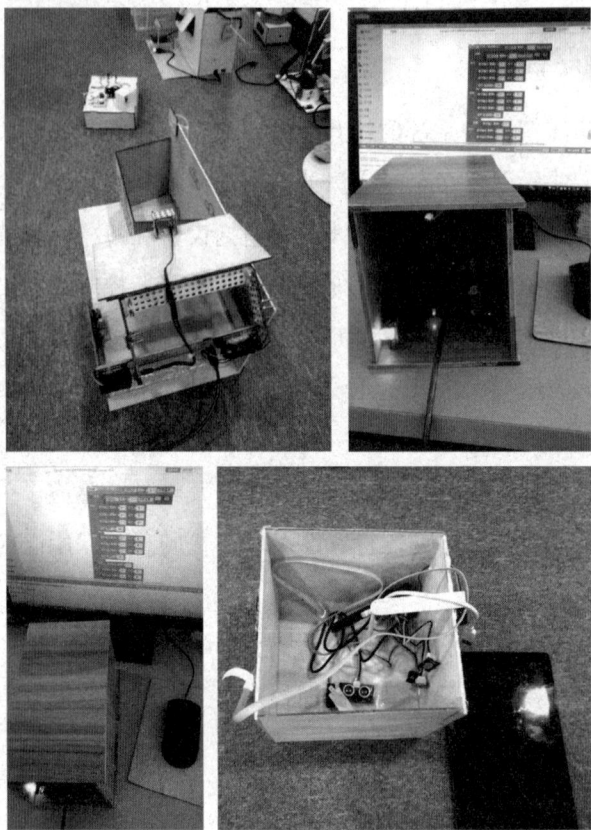

四、成果与评价

本案例荣获韶关市中小学生创客制作大赛二等奖。作品为具有防滞留报警系统的幼儿园校车。本案例中车辆感应单元、人员感应单元、报警单元及控制单元四者相配合，用以检测校车是否停止及校车停止后是否有人员存在，以解决由于儿童被遗忘在幼儿园校车内而造成高温窒息死亡的问题。

简易智能倒车语音播报系统设计方案

随着汽车的日益普及，停车场越来越拥挤，车辆常常需要在停车场穿行、掉头或倒车。由于这些低速行驶的车辆与其他车辆非常接近，驾驶员的视野颇受限制，碰撞和剐蹭事故时有发生，尤其是在夜间。

为确保汽车倒车安全，本程序设计方案采用循环语句和测距技术为一体的倒车语音播报系统，帮助驾驶员及时了解汽车周围情况，防止汽车在转弯、倒车等情况下撞伤、划伤。

假设车辆从和障碍物相距300 cm的地方开始倒车，每次倒车距离都会减去10 cm。当车辆与障碍物的距离大于30 cm时，一直提示"倒车请注意"；否则提示"请停车"。

在进行作业设计时，要牢记坚持立德树人、基于课程标准、体现单元意识、创新作业实践四大理念。每一道题都要围绕单元目标，紧扣课程目标来精心设计。

作业是课程与教学活动的重要组成部分。目前在作业的设计方面仍存在一些问题，如作业形式枯燥、单调、僵化，作业评价缺乏层次性和针对性等，长此以往将会降低学生学习信息科技课程的积极性和有效性。我们作为教师应积极、正确地看待作业改革，努力探讨如何有效布置作业，努力提高学生学习信息科技课程的积极性，使其形成信息科技学习方法，发展信息思维，增强信息素养及问题解决的能力。

请你利用学过的Python语言循环语句，完成任务。

（一）分析问题

将左边的选项填入右边相对应的横线上，每条横线只填写一个选项，有多余选项。

A：s>30 B：s<30 C：s=300 D：s=0 E：输出"倒车请注意" 循环变量s减去10 F：输出"倒车请注意" 循环变量s加1	1. 循环变量及初始值：_____ _____ _____ _____ 2. 循环条件：_____ _____ _____ _____ 3. 循环体：_____ _____ _____ _____ _____

（二）设计算法

将左边的选项填入右边空白的流程框中，每个流程框只填写一个选项，有多余选项。

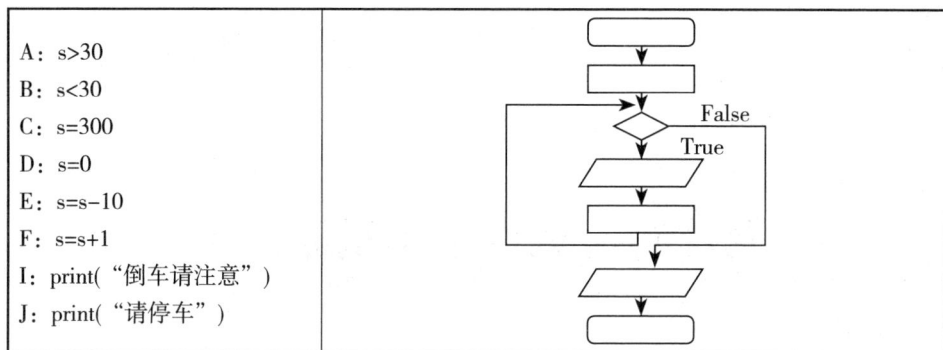

A：s>30
B：s<30
C：s=300
D：s=0
E：s=s−10
F：s=s+1
I：print（"倒车请注意"）
J：print（"请停车"）

（三）编写程序

请根据流程图，在海龟编辑器中编写智能倒车语音播报的程序。

（四）调试运行

简易智能倒车语音播报系统设计方案

一、任务描述（简单描述本次任务的背景、目的和意义）

二、简易智能倒车语音播报系统功能设计（介绍如何利用条件判断语句和循环语句，完成车辆与障碍物距离检测功能。）

三、结果分析（分析车辆与障碍物距离检测功能的运行效果，分析如果运行效果不佳应进行哪些改进。）

四、分享展示（在班内展示设计方案，学习大家的设计优点，优化设计方案。）

仓库物流运送车（机器人）

一、问题情境

物流仓库内，每天都会有成千上万的物品进进出出，任务的成功完成有仓库运送小车的功劳，仓库运送小车帮助人们运送物品，不仅提高了工作效率，也大大降低了劳动强度。

你知道仓库运送小车是怎样设计的吗？小车是如何将物品运送到指定的位置呢？请你在下面的横线上写下来。

_____

_____

_____

_____。

二、活动目标和作品要求

（一）活动目标

设计制作一个简易智能小车，将三个带有不同序号的长方体分别运送至指定的位置。长方体尺寸为10 cm×6 cm×8 cm，被随机放置在三个初始位置上，仓库场地示意图如下图所示。

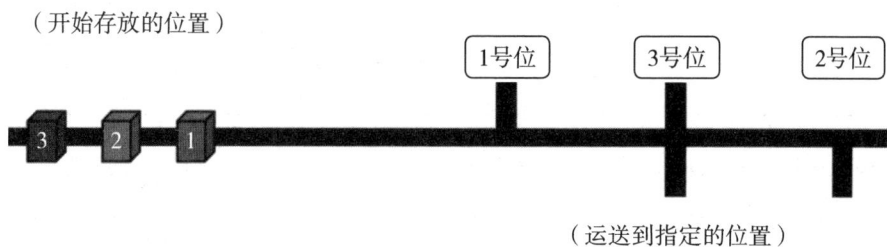

（二）作品要求

1. 基本要求

（1）磁感应装置的设计如下：

小车左右各安装一个磁感应传感器，当感应到物体左边有磁铁时识别为1号，感应到物体右边有磁铁时识别为2号，感应到左右均有磁铁时识别为3号。

当仅左边传感器遇到黑色时为路口1，即1号物体的摆放位置；当仅右边传感器遇到黑色时为路口2，即2号物体的摆放位置；当左右传感器均返回"0"时则识别为3号物体的摆放位置。

（2）用相关软件对电路进行建模仿真，使其满足以下要求：

① 采用磁感应识别方法识别3个长方体。

② 将3号蓝色的长方体目标送到3号位置。

③ 将2号红色的长方体目标送到2号位置。

④ 将1号绿色的长方体目标送到1号位置。

2. 发挥部分

制作一个简易智能小车实物，自制长方体和场地，可在KT板或白色瓷砖地面，用电工黑色胶布按前面仓库场地示意图制作，因用于实际运行，比例要适当放大，总长度应在2 m左右。搬运顺序不限，基本要求如下：

（1）小车动力必须使用电池，不得使用外接电源。

（2）小车一旦启动，即能自动控制。

（3）采用磁感应识别方法识别3个长方体。

（4）将3号蓝色的长方体目标送到3号位置。

（5）将2号红色的长方体目标送到2号位置。

（6）将1号绿色的长方体目标送到1号位置。

（7）你还能想到用什么方法制作小车运送场地？请你在下面的横线上写下来。

_____

_____

_____

_____。

三、材料工具

巡线传感器、磁感应传感器、直流电机、继电器、两轮驱动小车。

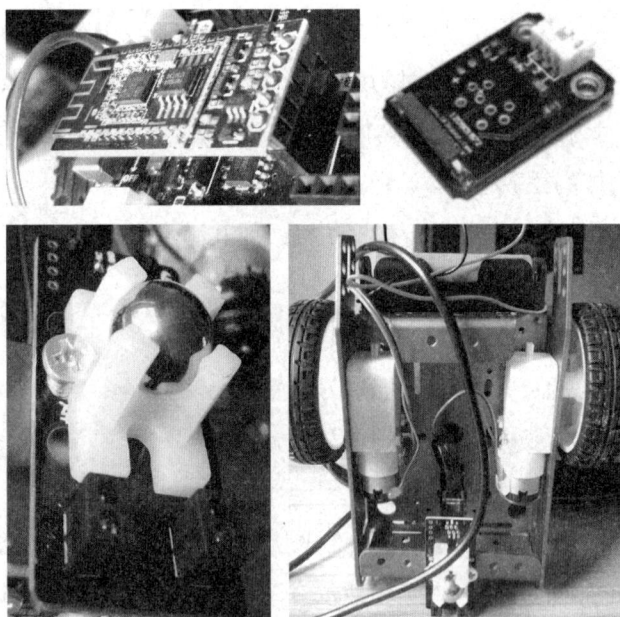

四、创客实践

（一）任务分析

智能小车采用后轮驱动，后轮左右两边各用一个电机驱动，调制后面两个轮子的转速起停从而达到控制转速的目的。前轮是万向轮，起支撑及转向作用。将巡线红外线传感器分别装在车体下的左、中、右，当车身下左边的红外传感器检测到黑线时，主控芯片控制左轮电机减速，车向左修正位置；当车身下右边的红外传感器检测到黑线时，主控芯片控制右轮电机减速，车向右修正位置；当左右传感器都检测到黑线时小车停止。

（二）流程设计

下边上图为主程序流程图，下图为巡线模块流程图。

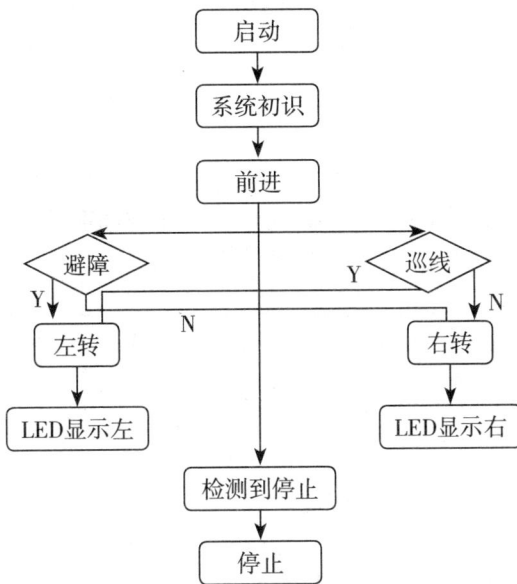

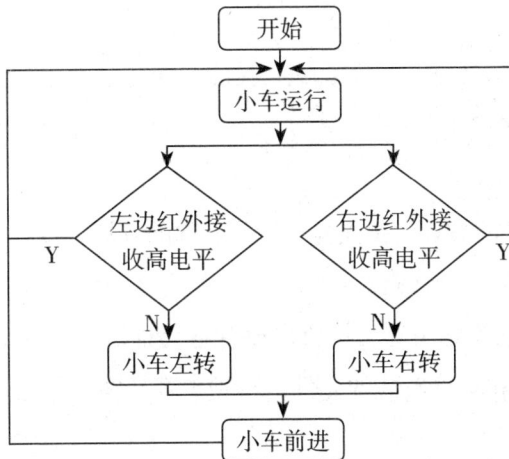

根据以上两个模块的流程图，你能设计出巡线模块的流程图吗？请你在以下方框中画出来。

（三）程序编写

根据以上模块程序流程示意图，请你编写相关功能的程序代码，并上机进行调试，请把结果写在下框中。

（四）组装与调试

1. 组装

（1）检查元件的好坏。首先检查所购元件的好坏，按各元件的检测方法分别进行检测，一定要仔细认真。

（2）放置、连接各元件。按要求放置各元件，要先放置、连接较低的元件，后连接较高的和要求较高的元件，特别是容易损坏的元件要后连接。连接示意图如下图所示。

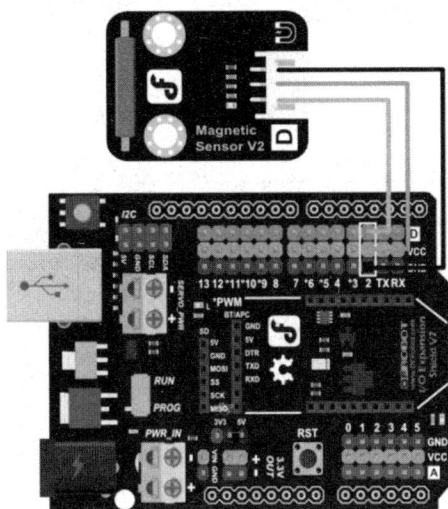

2. 调试

（1）首先调试电机控制小程序，保证电机正反转、停止均正常，电机及驱动电路无误。然后加入巡线子程序，小车运转正常时，传感器灵敏度达到理想效果。接下来测试磁感应模块的二极管是否有灯亮，接着输入简单的巡线程序进行简单的巡线活动，测试灵敏度是否达到要求。

（2）应先在线进行路口及序号识别的实验，实验过程中注意观察变量的变化是否符合预期效果。

（3）本课题机器人具备一定的人工智能，程序较复杂，建议先在线进行子程序模块的编写调试，最后汇总集成。

（4）我们的数据是基于KT板场地的，因场地摩擦系数不同，相关动作的时间要进行相应的调整。

（5）程序上传后，建议分两步进行，先完成1个长方体的运送，然后再完成3个长方体运送的任务。

（6）变量"zhi"的作用是让放置长方体的动作符合"路口序号=长方体序号"时只执行一次。第二次取长方体时再设置为0。变量"kong"的作用类似，让机器人取到长方体后，只执行一次转头动作。

（7）当完成了其中一个长方体的序号放置后，只需在放置完成的子模块中将"quwu""kong""lkxh"和"jzxxh"重新设定为0即可。

在组装小车时要注意哪些问题？请你在下面的横线上写下来。

_____

_____

_____

_____ 。

将你在调试程序时所遇到的各种问题在下面的横线上列出来。

_____

_____

_____

_____ 。

五、分享展示

创客手记

班级：　　　　小组：　　　　姓名：

六、任务进阶

本课题设计的作品实用新颖、结构简单合理、经济实用、使用方便，从而节省了人力，同时也提高了人们的工作效率，给生活带来便捷。

课堂延伸，创意发散：

（1）本课题自动化程度还不够理想。

（2）考虑能否增加红外线遥控机器人。

（3）各组简要汇报程序编制过程中出现的问题及解决方法。

（4）本课题能识别的是3个物体，并且能相应放置在指定的3个位置，如果多安装一个磁感应传感器，你认为可以识别多少个物体？又该如何设计相应的路口？

智能交通信号灯（智能机器人）

一、问题情境

目前，我国城市依然采用的是传统的交通信号灯控制系统。随着城市不断发展，车流量的不断增大，传统交通信号灯的缺陷显露：一是车辆放行时，十字路口经常出现不同车流量干道放行时间相同，造成交通堵塞的情况；二是当某干道上无车时，正好是该干道的通行时间，在这段时间内就造成了时间浪费；三是当这一干道车流量很大时，不能改变红绿灯的时间来延长这条干道的通行时间，造成这条干道的车辆不能及时通过导致交通堵塞。

二、活动目标和作品要求

（一）活动目标

本系统通过传感器检测车流量，对路口的车流量进行统计，并执行处理程序，来实现智能交通信号灯的控制，达到可以根据车流量来实时控制信号灯的目的。

（二）作品要求

1. 基本要求

智能交通信号灯正常启动有如下功能要求：

（1）倒计时显示给了驾驶员和行人在信号灯发生改变时的反应时间，使其在"通行"和"停止"之间作出合适的选择。行人和驾驶员都愿意选择有倒计时显示方式的交通信号灯，并且认为有倒计时显示的路口更加安全。

（2）车流量检测模块作为智能交通系统的重要组成部分，采用主板、车流量传感器、外围器件来实现。

2. 发挥部分

目前，国内交通路口常用的疏导方式是依据感应线圈检测的车流数据，交警在路口人为地进行交通信号灯的控制，耗费大量的警力。在遇到车身长度较长、交通拥堵则会出现检测准确度大幅下降的问题，导致信号控制不合理。为解决交叉路口通行问题，可进行外场视频图像数据采集，利用数据处理功能，结合仿真预测功能分析，自适应选择最优预案，全自动控制交通信号设备，提升道路利用率，缓解城市交通拥堵的压力。

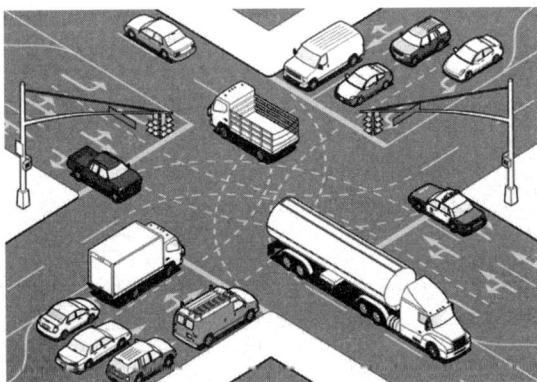

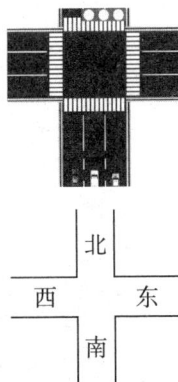

三、材料工具

主板控制模块、驱动显示模块、LED倒计时模块、信号灯状态模块、按键控制模块、复位电路、外围接口。

四、创客实践

（一）任务分析

假设一个十字路口如上图所示，为东西南北走向。初始状态0为东西红灯，南北绿灯；然后转状态1，即东西黄灯，南北红灯；过后转状态2，即东西绿灯，南北红灯；再转状态3，即东西红灯，南北黄灯。一段时间过后，又循环至状态0。红灯亮30 s，绿灯亮30 s，黄灯亮5 s。

状态	东			南			西			北		
	绿	黄	红	绿	黄	红	绿	黄	红	绿	黄	红
0	0	0	1	1	0	0	0	0	1	1	0	0
1	0	1	0	0	0	1	0	1	0	0	0	1
2	1	0	0	0	0	1	1	0	0	0	0	1
3	0	0	1	0	1	0	0	0	1	0	1	0

（二）流程设计

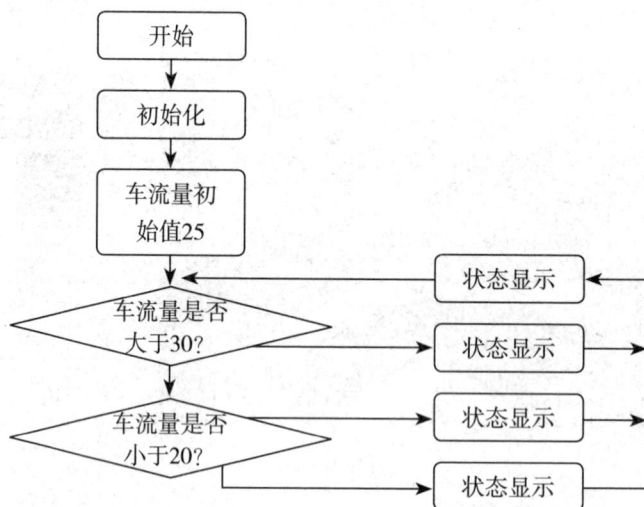

（三）程序编写

根据以上模块程序流程示意图，请编写相关功能的程序代码，并上机进行调试，请把结果写在下框中。

（四）组装与调试

1. 组装

2. 调试

本课题的调试分为三大部分：硬件调试、软件调试、软硬件联调。木系统采用模块化设计，因此需对各电路模块功能模板进行逐级检测，最后将各模块组合一起后进行整体测试，使系统的所有功能得以实现。

经过对整个系统的调试后，交通灯系统的LED状态信号灯显示正常，能够正确地转换来进行交通指挥。倒计时显示管的倒计时间与设计的时间误差很小，精确度较高，但是LED信号灯的绿灯亮度不够。

五、分享展示

创客手记

六、任务进阶

课堂延伸，创意发散：

（1）本课题自动化程度还不够理想。

（2）各组简要汇报程序编制过程中出现的问题及解决方法。

（3）一道有车而另一道无车时，进行中断的优先处理。

智能窨井盖识别模块的开发设计方案

2021年初，住房和城乡建设部、工业和信息化部等六部门联合印发了《关于加强窨井盖安全管理的指导意见》，提出进一步加强窨井盖安全管理，强化城市运行安全保障，明确到2023年底前，基本完成各类窨井盖普查工作，摸清底数，健全管理档案，完成窨井盖治理专项行动，窨井盖安全隐患得到有效治理。到2025年底前，窨井盖安全管理机制进一步完善，信息化、智能化管理水平明显加强，事故风险监测预警能力和应急处置水平显著提升，窨井盖安全事故明显减少。

作为城市庞大地下管网的附属品，窨井盖遍布城市的每个角落，种类多、数量大，采用传统的普查方式需要投入大量的人力物力，作业效率低。同时，城市路网与地下管网高度重叠，繁忙的交通状况也会对调查人员的人身安全造成很大威胁。智能窨井盖检测无人机具备能够在城市中巡逻并排查下水道井盖是否破损或缺失的功能，并及时把情况反馈到相关部门。假设某科技公司现委托你完成智能窨井盖检测无人机的人工智能核心功能——窨井盖识别模块的开发。请你利用学过的计算机视觉技术，完成任务。

作业是课堂教学的前置准备和后置延伸，高质量的信息科技作业应具备以下功能：

（1）检测课程教学效果。一份作业既能检测学生是否达到了教学目标的要求，也能检测教师在教学中存在的问题及原因，便于教师改进教学。

（2）提升课程教学质量。作业的形式不仅是单一的书面作业，还应包含实践操作、信息科技调查阅读等方面，或者是一些"长作业"。学生在形式多样的作业中能进一步感悟信息思想，积累活动经验，培养信息素养。

（3）促进学生全面发展。信息科技作业在提升学生信息素养的同时，也要注重发挥作业的育人功能，落实"以人为本，立德树人"的理念。

一、作业目标

完成智能窨井盖检测无人机的窨井盖识别模块设计方案。

二、作业内容

（1）利用计算机视觉技术，设计检测窨井盖破损或缺失的图像识别模型的开发方案。

（2）按附件的问题要求，完成方案设计。

三、作业要求

（1）利用人工智能实验平台分组完成任务。

（2）任务完成后，提交一份利用计算机视觉技术实现智能窨井盖检测无人机窨井盖检测功能的设计方案。

（3）在全班分享设计方案，互相交流，学习别人的优点，改进自己的设计方案。

附：

智能窨井盖检测无人机的窨井盖识别模块设计方案

根据教育部门扎实推进"双减"工作落地见效的工作精神，为进一步减轻学生的课业负担，信息科技教师要紧紧围绕学科核心素养要求，整体设计课内外的学习活动；要把课外作业和课堂教学有机结合起来，以少而精的高质量作业取代简单、机械、重复性的大量作业，达到"减负增效"目的；要使作业真正为教学服务，为素质教育服务，使之有利于学生知识、能力、综合素质的发展。"减量、提质、激趣"这三个关键词，主要包括了作业功能、设计理念、作业类型、具体要求及举例说明这几大板块。

一、作业描述

简单描述本次任务的背景、目的和意义。

二、窨井盖检测功能设计

介绍如何利用计算机视觉技术完成窨井盖检测功能。

三、结果分析

分析窨井盖检测功能的运行效果，如果运行效果不佳，应如何改进？

四、给科技公司的建议

给科技公司提出建议，将你实现的窨井盖检测功能应用到智能窨井盖检测无人机上，让智能窨井盖检测无人机成为一名合格的"城市安全助手"。